SOLIDARISCHE KÖRPER

BJÖRN VEDDER

SOLIDARISCHE KÖRPER

Die Aufweichung des Hardbodys
in der flüssigen Moderne

BÜCHNER-VERLAG
Wissenschaft und Kultur

ISBN (Print) 978-3-96317-285-4
ISBN (ePDF) 978-3-96317-827-6
ISBN (ePUB) 978-3-96317-828-3

Copyright © 2022 Büchner-Verlag eG, Marburg

Bildnachweis Cover: © icetray/123RF.com

Satz und Umschlaggestaltung: DeinSatz Marburg | tn

Druck und Bindung: Totem.com.pl, Inowrocław, Polen
Printed in EU

Das Werk, einschließlich all seiner Teile, ist urheberrechtlich durch den Verlag geschützt. Jede Verwertung ist ohne die Zustimmung des Verlags unzulässig. Dies gilt insbesondere für Vervielfältigungen, Übersetzungen, Mikroverfilmungen und die Einspeicherung und Verarbeitung in elektronischen Systemen.

Bibliografische Informationen der Deutschen Nationalbibliothek

Die Deutsche Nationalbibliothek verzeichnet diese Publikation in der Deutschen Nationalbibliografie, detaillierte bibliografische Angaben sind im Internet über http://dnb.de abrufbar.

www.buechner-verlag.de

Inhalt

Einleitung   7

Der Psychopath und die Hardbodys · 14

I. Wie der Hardbody entstand

1   Klassische Glasbläserei   23

Für immer hart, für immer jung · 25   Sich selbst idealisierende Sinnlichkeit · 28

2   Der zivilisatorische Hardbody und der groteske Softbody   33

Was für einen großen Schlund du hast! · 34   Die Pobacken zusammenkneifen · 35   Utopie und Karneval · 39   Körper gegen Körper, Hobbes & Co. · 47

3   Bürgerliche Körper: Das stahlharte Gehäuse des Kapitalismus   53

Spitze Bleistifte · 55   Der Duft der Frauen · 57   Max Weber, die vertrocknete Nuss · 60   Das innere Ausland · 62   Rauchen macht die Welt erträglich, Trinken macht die Männer hart: Bourgeoisie und Fitness · 64

4   Körperdisziplin und Biopolitik   67

Die Erfindung der Prävention · 71   Neoliberalismus aus dem Reformhaus · 75   Hardbody-Leid · 78

5   Hardbody-Emotion: *American Cool* und deutsche Kälte   81

6   Hardbodys in der *Liquid Society*   87

Amerikanisches Kino und deutscher Terror: Dirty Harry und »Dirty« Gudrun · 89   *Reaganite* Hardbody · 93   Auf der Kommandohöhe: Abhärtung durch Schmerz · 96   »Schwingende Schwänze« und Jane Fonda – Hardbody Sex · 99   Der Hardbody als Hülle und Spiegel · 102   Zählbare Körper · 108   Hardbody und Altern · 109   Die Kunst der Erschlaffung · 111

II. Wie können wir den Hardbody überwinden?

Ekelspiele · 116   Exzess · 117   *Grotesque Body Positivity* · 120   Leiblichkeit · 126   Wie lässt sich die leibliche Erfahrung stärken · 129   Danksagung · 135

Endnoten   137

Einleitung

Dieser Essay hat zwei Inspirationsquellen. Die erste Quelle liegt in meinem Homegym, das ich mir während der Pandemie eingerichtet habe und in dem ich jeden Tag versuche, mir einen Hardbody anzutrainieren, wie ich ihn in den Blockbustern sehe. Dieser Körper ist muskulös und mager. Er ist glatt und hart wie eine antike Statue. Alles Weiche und Ambivalente ist ihm ausgetrieben. Er ist stark und frei. Dieser durch Krafttraining und Ausdauersport geformte Körper ist das dominierende Ideal, nach dem Menschen sich richten, wenn sie für ihren Körper anerkannt werden wollen.[1] Er gleicht einem Kleidungsstück, das nach einer bestimmten Mode geformt ist. Als Bezeichnung für dieses Körperbild hat sich der Begriff Hardbody etabliert. Propagiert wird es durch Filme, Werbung und die sozialen Medien. Beispielsweise folge ich Dwayne »The Rock« Johnson auf Instagram, habe aber natürlich in den 1980ern auch alle Rocky- und Schwarzenegger-Filme gesehen und in den 2000ern die Sachen mit Brad Pitt. Wer sich die Körper der genannten Schauspieler vor Augen führt, sieht gleich: Es gibt einen historischen Wandel im Körperbild. Große Steroidmuskeln (Stallone und Schwarzenegger), ausgezehrter Körper (Pitt), große Steroidmuskeln auf ausgezehrtem Körper (The Rock). These, Antithese und Synthese. Dialektischer Materialismus des Hardbodys. Da ich aber keine Geschichte des Bodybuildings schreibe, differenziere ich hier nicht.

Die zweite Quelle sind die Bilder des Malers Bernhard Martin, die er von grotesken Körpern malt. Sie sind wie Schwämme oder Korallen. Seltsame Flüssigkeiten fließen aus ihnen heraus oder hinein. Sie saugen und spritzen. Sie bilden eine Welt, die mir weniger aus klar voneinander abgegrenzten Individuen zu bestehen scheint, als aus einem unruhigen Gemisch von Körpern, die den unwiderstehlichen Drang besitzen, einander zu umfassen und zu umschließen.

Liberaler Hardbody und grotesker Softbody – zwischen diesen beiden Körperbildern und den Vorstellungen vom Leben, die damit verbunden sind, spannen sich die folgenden Überlegungen auf. Es geht um Schönheit und Erfolg, Askese und Exzess, Männer und Frauen, Korallenriffe und Krafttraining, um harte Körper und responsive Leiber, Dirty Harry und die RAF, Jane Fonda und schwingende Schwänze, Biopolitik und Rennradfahren.

Mein Essay gliedert sich in zwei Teile. Im ersten Teil beschreibe ich das Körperideal des Hardbodys mit seinen Implikationen. Welches Menschenbild ist damit verbunden? Welche Form von Gesellschaft? Welche Ästhetik und Moral? Warum wird alles immer flüssiger, der Körper aber härter? Dabei gehe ich zum Teil historisch vor und zeige, wie das ästhetische Ideal des Hardbodys in der Klassik als ein Gegenbegriff zum grotesken Leib erfunden wurde und wie der Prozess der Zivilisation, das bürgerliche Arbeitsethos, politische Maßnahmen zur Förderung des Lebens oder eine bestimmte Gefühlskultur die Körper verschlossen und abgehärtet haben, bis schließlich eine neoliberale und neokonservative Ideologie den klassisch schönen Hardbody moralisiert und zum Symbol ihrer Werte gemacht haben. Spätestens damit komme ich in der Gegenwart an und beschreibe, wie das Körperideal des Hardbodys von einer Warenästhetik der Körper, einer digitalen Kultur, der Leugnung des Alterns und dem Streben nach Anerkennung unterstützt und gehalten wird. Überall herrschen Prozess- und Profitmaximierung – nicht nur im Hinblick auf die Produktion von Waren, sondern auch im Hinblick auf die eigene Person. Denn ich muss mich auch selbst zu einer Art Ware machen, nämlich in einer Art und Weise entwerfen, mit der andere etwas anfangen können, wenn ich in unserer Gesellschaft bestehen will. Der Preis dafür ist jedoch sehr hoch. Das Regime, dem wir unsere Körper unterstellen, fördert mit dem

Wettbewerb auch die Entsolidarisierung der Menschen, ihre Erschöpfung und Vereinzelung. Es schließt sie aus dem Kreislauf der Natur aus, macht sie unfähig, zu sterben, und zwingt sie, allein zu leben.

Gleichwohl gibt es natürlich eine Gegenbewegung zum Hardbody. Sie öffnet die Körper und macht sie sensibler, fordert Solidaritäten ein und rückt die eigene Verletzlichkeit genauso in das Zentrum wie die fremde. An sie schließt mein Essay an, sie möchte ich unterstützen. Deshalb frage ich im zweiten Teil des Essays, wie wir den Hardbody überwinden können. Denn jede Gesellschaft hat die Körper, die sie verdient, und muss andere Körper bekommen, um eine andere Gesellschaft zu werden. Die Vorschläge, die ich dazu mache, verbinden die Anliegen der Body-Positivity-Bewegung mit einer Rückkehr des grotesken Körpers, postmodernen Theorien biologischer Systeme und einer Philosophie des Leibes. Was mich an diesen Ansätzen interessiert, ist die Möglichkeit, über unsere Körper die Grundlage für eine neuerliche Solidarität und Rücksicht zu gewinnen. Mehr Berührungen, weniger Bilder. Mehr Sex, weniger Porno. Mehr Arbeit, mehr Sport und vor allem: jeden Tag spazieren gehen.

Die Solidarität der Körper ist es auch, was mich an Bernhard Martins Bildern besonders fasziniert. Es gefällt mir, dass Martins Figurinen, wie er sie nennt, vieles von dem zeigen, was im ästhetischen Kanon als hässlich oder ekelhaft verworfen wird und was unsere Kultur mit Scham besetzt: offene Körper, das Pumpen der Organe, Blut, Schweiß und Sperma. Martin hat mir erzählt, er genieße die Provokation, diesen Körpern, die dem Prozess der Zivilisation wie dem kapitalistischen Getriebe gleichermaßen widersprechen, die Ehre des Gemäldes zuteilwerden zu lassen, und ich kann das gut verstehen. In meinem Beitrag zu seinem Ausstellungskatalog habe ich nach diesem Atelierbesuch die vielen phallischen und vaginal-uteralen Formen, die er ins Bild setzt, die spritzenden Röhren und schleimtropfenden Höhlen als Bildwerdung der Begierden und Leidenschaften bezeichnet, die in unserer Kultur verdrängt worden sind, und behauptet, dass er damit nicht nur der Ästhetik der allgegenwärtigen digitalen Bilder widerspricht, sondern auch der sozialen Semantik, die damit verbunden ist – also dem gesellschaftlichen Zustand, in dem alles optimiert wird und glatt laufen muss. Diesem Wunsch nach planer, leicht konsumierbarer Positivität entspricht unsere Vorliebe für schöne, glatte Körper. Sie zeigt sich zum Beispiel im Zuspruch für die Skulpturen von Jeff Koons: glänzende Kugeln mit spiegelglatten Oberflächen, ohne Tiefe zwar, aber wie gemacht für eine Gesellschaft aus gefallsüchtigen Narzissten.[2]

Und tatsächlich ist es die Gesellschaft, die unsere Körper macht, die sie verhärtet, verschließt und in ein Maschinenteil verwandelt, das man zwar mit anderen koppeln, aber auch wieder isolieren kann. Und wir arbeiten daran mit.

Diese Verhärtung und Isolation der Körper irritieren mich auch deshalb, weil unsere Gesellschaft immer flüssiger wird. Nicht nur soziale Hierarchien lösen sich auf und verbinden sich in netzwerkartigen Strukturen neu, auch die Differenz zwischen öffentlich und privat, die jahrhundertelang das gesellschaftliche Leben bestimmte, ist durchlässiger geworden und einer Kultur der Intimität gewichen, die sich von Liebesbeziehungen über die Arbeit und das Berufsleben bis in alle Bereiche des gesellschaftlichen Lebens erstreckt.[3] Sollte diese Veränderung nicht dazu führen, dass auch unsere Körper offener werden, intimere Beziehungen eingehen und sich stärker dem Bild von Martins Figuren annähern? Sollten sich unsere Körper nicht zu symbiotischen Körpern entwickeln?

Wir sind von der Vorstellung einer Allverbundenheit aufeinander antwortender Körper jedoch sehr weit entfernt. Die Gesellschaft wird zwar flüssiger, die Körper werden jedoch härter. Sie rücken nicht näher zusammen, sondern weiter auseinander. Sie entsolidarisieren sich – wie eben alles in der flüssigen Moderne in Auflösung begriffen ist. Nicht nur die alten Strukturen, sondern auch die Solidaritäten, die mit ihnen gegeben waren und etwa darin bestanden, dass der Staat die Interessen seiner Bürgerinnen und Bürger schützte, diese sich in Institutionen wie Sozialversicherungen und Gewerkschaften gegenseitig absicherten – und vielleicht auch stärker bereit waren, ihre unmittelbaren, individuellen Interessen zugunsten zwischenmenschlicher Bindungen hintanzustellen, weil es sich für sie lohnte, in dieses Sicherheitsnetz zu investieren. So beschreibt das der Soziologe Zygmunt Bauman, der den Begriff der flüssigen Moderne geprägt hat, von *liquid society* spricht er im Original.[4] Harte Körper in einer flüssigen Gesellschaft: Die erstaunliche Einsicht ist, dass sich beide nicht ausschließen oder widersprechen, sondern vielmehr gegenseitig bedingen. Hardbodys sind zwar nicht erst in der *liquid society* entstanden. Sie werden von einer ganzen Reihe von Faktoren geprägt, aber die Verflüssigung von Solidaritäten treibt die Verhärtung der Körper weiter voran und die Hardbodys stützen die flüssige Gesellschaft durch ihre Unsolidarität, ihren Individualismus und ihre Härte.

Das kommt uns teuer zu stehen. Die mit der flüssigen Moderne verbundenen Wirtschafts- und Produktionsweisen zerstören die Lebensgrundlage der Menschen und vieler anderer Lebewesen. Diejenigen, die unter ihren Bedingungen leben, sind nicht besonders glücklich. Seit Jahren nehmen Erschöpfungserscheinungen, Depressionen und Angstzustände zu.[5] Dieses Unglück zeigt sich in den Körpern, die müde und ausgezehrt sind, keinen Schlaf finden und chronisch schmerzen. Das Leiden zeigt sich nicht nur in den Körpern, es wird auch durch den Umgang mit ihnen hervorgerufen. Denn wir müssen unsere Körper auf bestimmte Weise zurichten, um den Anforderungen des Lebens in der modernen Gesellschaft zu entsprechen. »Wir kneifen alle unbewusst permanent die Pobacken zusammen«, wie der Hollywoodschauspieler Cary Grant einmal sagte.[6] Das führt zu dem bekannten Unbehagen an der Moderne, den Erschöpfungs- und Angstzuständen und den somatischen Leiden. Infolge der Maßnahmen zur Bekämpfung der Coronapandemie sind diese Leiden noch einmal verstärkt aufgetreten und sie machen den Zusammenhang zwischen seelischen Leiden und dem Verschluss, der Trennung und der Kontrolle unserer Körper besonders deutlich.

Gleichwohl bin ich selbst ein Anhänger des Hardbodys und trainiere fast jeden Tag. Ich will, wie viele andere auch, nicht nur stärker und fitter werden, sondern auch so aussehen. Dafür habe ich mich zuletzt über eine App bei einem Trainingsprogramm angemeldet, das *Movie Prep* heißt und seinen Klienten einen Superheldenkörper verspricht, wie wir ihn aus dem Kino kennen. Das heißt, es geht weniger darum, was unsere Körper wirklich können, als darum, wie sie aussehen. Das ist das klassische Bodybuilding-Prinzip. Die Verwandlung des Körpers in ein Bild.[7] »Niemand«, so umreißt unser Trainer Pieter Vodden das Konzept, »fragt Dwayne ›The Rock‹ Johnson oder Chris Hemsworth, wie viel Gewicht sie bei einer Kniebeuge auflegen oder was sie auf der Bank drücken können. Es geht nur darum, wie sie auf andere wirken.«

Unsere Trainingsrealität sieht jedoch anders aus. Pieter programmiert in der App für jeden Tag einen Trainingsplan, den wir absolvieren, und schickt uns alle zwei Wochen Anweisungen für unsere Ernährung. Wir teilen jedoch keine Fotos, sondern tragen in der App ein, wie viel Gewicht wir bei den Kniebeugen oder beim Bankdrücken aufgelegt haben, tauschen uns im Chat darüber aus, wie viel Zeit wir für welche Übungen gebraucht haben und was wir besonders hart fanden. Diese Härte ist für viele von uns eine besondere Motivation. Wir sitzen den ganzen Tag am Schreibtisch oder im Auto, werden körperlich kaum gefordert und müssen uns permanent kontrolliert verhalten. Da tut es gut, den Körper wieder zu spüren, zu schwitzen, zu stöhnen, zu kämpfen und zu brüllen. Der Historiker Peter Stearns hat in einer Studie über den Wandel der Gefühlskultur gezeigt, wie vormals als positiv verstandene Gefühle wie Aggression oder Wut im 20. Jahrhundert immer stärker zugunsten einer coolen Persönlichkeit zurückgedrängt wurden, die emotional kontrolliert und abgeklärt ist, weil die kalten Krieger in jedem Gefühlsausbruch eine Gefahr sahen. Er behauptet, die Freizeitkultur biete ein Ventil für die so aufgestauten Emotionen. Dazu gehören auch die Actionfilmhelden, die mithin eine kompensatorische Funktion haben.[8] Kritiker wenden dagegen ein, dass es keine natürlichen Gefühle gebe, sondern Emotionen immer sozial codiert seien und im (gemeinsamen) Handeln entstehen. So resultiere die Lust am Wettkampf und der Aggression aus der Wettbewerbsorientierung unserer Gesellschaft.[9] Das Motto des Gyms, an dem wir mittels Training-App partizipieren, heißt »Strength, Power, Aggression« und ich denke, dass beide Ansätze – Stearns' und derjenige seiner Kritiker, etwas für sich haben. Viele von uns empfinden bei den martialischen Aktionen im Gym eine Lust, die sie anders nicht so leicht stillen können und fühlen sich, wenn sie sich nach dem Work-out im Spiegel betrachten, wie *Conan der Zerstörer* (1984). Und sie fühlen sich fit für das Leben, den Wettbewerb, den Erfolg. »Um erfolgreich zu sein, musst du stark sein«, sagte mir unser Trainer im Interview für dieses Buch. »Und um stark zu sein, musst du glauben, dass du stark bist. Diesen Glauben gewinnst du beim Training.« Auf der Hantelbank erprobt sich der Selfmademan.

Gleichwohl trainieren wir auch, um gut auszusehen und einem bestimmten Ideal zu entsprechen, sonst hätten wir uns wohl kaum für ein Programm entschieden, das die Erscheinung höher bewertet als Kraft und Agilität. Auch wenn beides natürlich nicht wirklich zu trennen ist, solange man seinem Körper außer gesundem Essen keine anderen Stoffe zuführt. »Das Aussehen entspricht der Fähigkeit«, sagt der Chef unseres Gyms, Mark Twight, ein ehemaliger Alpinist, der zuerst damit bekannt wurde, den Mont Blanc fast ohne Ausrüstung bestiegen zu haben, und dann als Trainer für Schauspieler den Hardbody Typ 2 prägte, etwa im Sandalenfilm *300* (2006).

In unserem Bemühen um einen Hardbody sind wir nicht allein. Elf Millionen Deutsche sind Mitglied in einem Fitnessstudio, das ist jeder vierte zwischen Achtzehn und Sechzig. Etwa genauso viele benutzen eine Fitness-App, Anzahl steigend. 2024 sollen es nach Angaben von Statista 24 Millionen sein. In den USA sind 73 Millionen Menschen Mitglied in einem Fitnessstudio und 68 Millionen benutzen eine Fitness-App. Selbst wenn es hier Überschneidungen gibt und Menschen sowohl mit einer App trainieren, als auch Mitglied in einem Studio sind, versucht doch ein großer Teil der Menschen, seinen Körper zu formen. Dabei ist der hagere, muskulöse, durch Krafttraining geformte Hardbody das dominierende Ideal. Als ich nach der Herkunft des Begriffs suchte, der inzwischen in englischsprachigen Wörterbüchern ebenso zu finden ist wie in deutschsprachigen Geschichtsbüchern, war das früheste Vorkommen, das ich gefunden habe, Bret Easton Ellis' Roman *American Psycho* (1991). Darin geht es um einen Investmentbanker, der im New York der späten 1980er Jahre zum Serienmörder wird. Ich finde die Rolle, die der Hardbody für diesen Psychopathen spielt, sehr aufschlussreich für unser Verhältnis zum Körper und stelle eine entsprechende Beschreibung derselben meiner kleinen Geschichte des Hardbodys voran.

Der Psychopath und die Hardbodys

»Courtney öffnet die Tür; sie trägt eine cremefarbene Seidenbluse von Krizia, einen Rock von Krizia aus rostrotem Tweed und d'Orsay-Pumps aus Seidensatin von Manolo Blahnik.«

»Elisabeth ist ein 22-jähriger Hardbody, die gelegentlich für Georges-Marciano-Anzeigen modelt«.

»Habe ich je erzählt, daß ich eine große gelbe Smiley-Maske tragen und die CD-Version von Bobby McFerrin's ›Don't Worry, Be Happy‹ auflegen möchte, dann ein Mädchen und einen Hund nehmen – einen Collie, einen Chow, einen Sharpei, es kommt nicht so darauf an –, eine Transfusionspumpe, so einen Tropf anschließen und dann ihr Blut austauschen möchte, genau, das Hundeblut in den Hardbody pumpen und umgekehrt, habe ich das je erzählt?«

Bret Easton Ellis, *American Psycho*.[10]

Wenn Patrick Bateman, aalglatter Investmentbanker und Protagonist von *American Psycho*, von einem Hardbody spricht, meint er damit eine junge Frau, die ihren Körper durch Diät und Training in eine besondere Fassung gebracht hat. Das heißt, er meint eigentlich nicht die Frau als Person, sondern ihren Körper, der gleich einem Kleidungsstück nach einer bestimmten Mode geformt ist – hager, aber fest und muskulös, jugendlich, glatt und unverbraucht. Eine Puppe, die bestimmte Kleider trägt und deren Körper nur eine weitere Art ist, sich selbst zu kleiden. Insofern erscheint es nur folgerichtig, wenn Bateman zahlreiche dieser Hardbodys im Laufe des Romans zerstückelt und zerschneidet und die Linien des Körpers auftrennt wie die Nähte eines Mantels. Der Traum von einer Bluttransfusion zwischen Hund und Frau, den ich oben zitiere, ist in diesem Sinne nicht die satirische Utopie eines neuen Menschen – wie etwa in Michail Bulgakows Erzählung *Das hündische Herz* (1925), in der ein Moskauer Chirurg einen Mann und einen Hund zusammennäht, um die Erschaffung des neuen Sowjetmenschen voranzubringen. Vielmehr demonstriert er die zynische Konsequenz aus einem Körperbild, das seinen Gegenstand als ein Objekt versteht. Man trägt den eigenen Körper gleich einem bestimmten Kleid, um sich selbst zu entwerfen und dafür von anderen Anerkennung zu bekommen. Der Hardbody ist eine Ware, die zum Gebrauch bestimmt ist, für die eigene Lust, aber vor allem für die Lust der anderen, denen ich gefallen will, und Batemans metzgernde Schneiderkunst ist nur eine besonders radikale und aufschlussreiche Art und Weise, sich an diesen Körpern zu erfreuen. Im Gebrauch fremder Körper für die eigene Lust ähnelt Bateman dem Libertin und Staatsminister Saint-Fond in de Sades Erzählung *120 Tage von Sodom* (1785), der einer Freundin erklärt: »Zweifeln Sie daher nicht mehr an diesen Ungleichheiten, Juliette; und da sie existieren, zögern wir nicht, daraus Nutzen zu ziehen und fest daran zu glauben, dass die Natur uns in dieser ersten Klasse von Menschen auf die Welt kommen lassen wollte, damit wir nach Lust und Laune das Vergnügen genießen können, den anderen anzuketten und ihn gebieterisch all unseren Leidenschaften und all unseren Bedürfnissen zu unterwerfen.«

Saint-Fonds naturrechtliche Rechtfertigung für den Gebrauch eines fremden Körpers kann sich Bateman jedoch sparen, weil er erkannt hat, dass ein Mensch, der seinen Körper wie ein Kleid trägt, um anderen zu gefallen, sich selbst zu einem Gegenstand für die Lust eines anderen macht. Die praktische Schlussfolgerung, die Bateman aus dieser Tatsache zieht, wenn er Körper gleich einem Kleid zerschneidet, sind zwar besonders schonungslos, weil sie die Körper seiner Opfer zur leeren Hülle reduzieren – die Ausgangslage, auf der sie gründet, ist von seinen Opfern jedoch selbst geschaffen worden. Anders als Saint-Fond muss er sie nicht anketten und mit Gewalt zum Objekt seiner Lust machen, sondern sie tun das grundsätzlich selbst, wenn sie sich als Hardbody entwerfen – denn dann entwerfen sie ihre Körper als solche, die dafür da sind, von anderen gebraucht zu werden. In der Antike galt das als Definition des Sklaven. Sklaven, schreibt der griechische Philosoph Aristoteles in *Nikomachische Ethik* (um 400 v. Chr.), sind Menschen, »deren Werk der Gebrauch des Körpers« durch einen anderen Menschen ist.[11]

Eine moderne Gesellschaft aus Hardbodys ist dieser Definition zufolge eine Gesellschaft von Menschen, die sich gegenseitig versklaven, in der einer der Sklave des anderen ist. Darin sind sie gleich. Die Ungleichheit, von der Saint-Fond spricht, ist in einem demokratischen Prozess des wechselseitigen Einsatzes und der Wertschätzung der Körper abgeschafft worden und einer Gleichheit in der wechselseitigen Versklavung gewichen. Das gilt auch für Bateman, der selbstredend ebenfalls ein Hardbody ist. Die Aufzählung seiner Morgenroutine von der Eispackung für die Augen über die 1.000 Crunches bis zur Aftershavelotion, die »stets wenig oder gar keinen Alkohol enthalten [sollte,] […] da der hohe Alkoholanteil die Gesichtshaut austrocknet und sie älter aussehen lässt«, nimmt im Buch gut sechs Seiten ein. Dass die Mehrzahl seiner Opfer Frauen sind, ist vielleicht nur seinem sexuellen Bias geschuldet.

Dass Menschen dadurch, dass sie von der Wertschätzung anderer abhängen, einander gleich werden, ist eigentlich ein Ideal der bürgerlichen Philosophie. Diese glaubt seit der Französischen Revolution, durch den Aufweis der gegenseitigen Abhängigkeit eine Gesellschaft begründen zu können, deren Bürger nicht nur gleich sind, weil sie voneinander abhängen, sondern auch frei, weil es keine Herren mehr gibt, sondern einer der Knecht des anderen ist. So hat es als einer der ersten der Philosoph Georg Friedrich Wilhelm Hegel formuliert, als er auf dem Höhepunkt der Siege der französischen Revolutionsarmee und unter dem Eindruck Napoleons als »Weltseele auf einem Pferde sitzend« seine *Phänomenologie des Geistes* (1807) verfasste und darin das Gleichnis von Herr und Knecht aufnahm.[12]

Dieses Gleichnis formuliert einen westernartigen Zweikampf um Anerkennung, bei dem einer zum anderen sagt: ›Erkenne mich an, schätze mich wert, sage mir, dass ich toll bin!‹ Beide wollen das, weil die Anerkennung durch einen anderen die Grundvoraussetzung dafür ist, ein positives, bestätigendes Verhältnis zu sich selbst aufzubauen, das heißt, ein Selbstbewusstsein auszubilden. Das geht nicht mit Objekten, sondern nur mit anderen Subjekten. »Das Selbstbewußtsein erreicht seine Befriedigung nur in einem anderen Selbstbewußtsein«, schreibt Hegel.[13] Niemand kann sich selbst anerkennen. Das verlangt, sich dem anderen auszusetzen. Ebendas müssen die Charaktere in Hegels Parabel aber erst lernen, denn anfangs wollen sie nur Anerkennung bekommen, aber keine geben. Das geht soweit, dass der eine dem anderen sogar droht, ihn umzubringen, wenn er ihn nicht anerkennt, ohne dafür selbst Anerkennung zu verlangen. Und weil dem anderen sein Leben lieber ist als sein Selbstbewusstsein, geht er darauf ein und sagt: Du bist der Herr, ich bin dein Knecht – »Ich bin nichtig, du bist das Wesentliche.«[14] Damit ist der Herr scheinbar am Ziel seiner Wünsche angelangt. Er wird von seinem Knecht anerkannt und bildet so ein Selbstbewusstsein aus. Es dauert jedoch nicht lange, bis er realisiert, dass er eigentlich nicht der Herr, sondern der Knecht seines Knechtes ist, denn er bleibt doch von der Anerkennung seines Knechtes abhängig. Sollte sein Knecht sie ihm entziehen, wäre er nicht nur kein Herr mehr, er wäre überhaupt niemand mehr, der über ein Selbstbewusstsein verfügte, denn dieses hängt vollständig vom anderen ab. Die Rollen vertauschen sich: Der Knecht steigt zum Herrn seines Herren auf. Das ist die berühmte Dialektik von Herr und Knecht. Sie besagt, dass ich den, der mich anerkennt, selbst anerkennen muss, damit das Anerkennen meiner selbst überhaupt Bedeutung hat.[15]

In der idealistischen Sphäre abstrakter Selbstbewusstseine entsteht daraus eine Gemeinschaft von Freien und Gleichen, deren Freiheit und Gleichheit sich wechselseitig bedingen, weil sie ihre Grundlage im jeweils anderen haben. In realen Gesellschaften schwindet diese Freiheit jedoch und der Charakter der gegenseitigen Knechtschaft oder Versklavung tritt stärker hervor. Das liegt daran, dass die Anerkennung nicht nur in einer Zweierbeziehung erfolgt, sondern jeder von vielen anderen anerkannt werden muss und es immer einen diskursiven Rahmen gibt, innerhalb dessen Anerkennung gewährt oder verweigert wird. Dieser Rahmen wird von der Kultur und der Politik bestimmt. Dadurch kann sich niemand, wenn er anerkannt werden will, vollkommen frei entwerfen. Er muss auf bestimmte Inhalte zurückgreifen, die er vorfindet und sie zu einer eigenen Identität verarbeiten. Jeder wählt aus den Inhalten aus und setzt das Ausgewählte zu einem Selbstentwurf zusammen – wie bei der Auswahl einer Garderobe oder dem Kuratieren einer Ausstellung. Wir tragen diese Gesinnung, bevorzugen jenes Essen und diese Möbel. All das tun wir, um unsere Individualität oder, wie der Soziologe Andreas Reckwitz sagt, Singularität zu beweisen und dafür wertgeschätzt zu werden.[16] Wir versuchen also, uns als jemanden zu entwerfen, der gleichermaßen besonders individuell und liebenswert ist, also Eigenschaften hat, die anderen gefallen. Dazu gehört auch unsere körperliche Erscheinung, die wir zunehmend als ein Kapital begreifen, mit dem wir auf dem Markt der Anerkennung reüssieren oder scheitern können. Unser Körper wird zu einem Teil unserer Identität, ebenso wie die Kleider, die wir tragen.

Das ist im Hinblick auf unseren Körper allerdings viel schwieriger als im Hinblick auf unsere Kleidung. Denn während wir unsere Garderobe einfach wechseln können – zumindest dann, wenn wir über genug Geld verfügen –, setzt die Verwandlung unseres Körpers harte Arbeit voraus, zum Teil von anderen, wie zum Beispiel Schönheitschirurgen, vor allem aber von uns selbst. Bei keinem anderen Teil unseres Selbstentwurfes gewinnt die Frage »Wie muss ich mein Leben ändern, mein Leben neu bestimmen und erfinden, damit diese neue Sache in es hineinpasst oder ich mich dieser neuen Sache anpassen kann?« ein solches Gewicht wie im Hinblick auf die Gestaltung unseres Körpers, den wir überdies nie als Tabula rasa oder leeren Kleiderschrank vorfinden, sondern der immer schon seine eigene Geschichte, seine eigene Gestalt und genetische Disposition mitbringt und der sich – zumal mit zunehmendem Alter – unseren Gestaltungswünschen mehr und mehr widersetzt oder ihnen nur noch sehr zögerlich folgt.[17]

Deshalb gibt es ein wachsendes Angebot an Fitnesstraining und -coaching – nicht nur seitens der Privatwirtschaft, wie etwa mein *Movie Prep*-Programm, sondern selbst durch die Krankenkassen, die ihre Aufgabe nicht mehr allein in der Grundversorgung im Krankheitsfall sehen, sondern ebenfalls auf die physische Weiterentwicklung der Versicherten hinarbeiten. Doch so gut diese Programme Menschen auch unterstützen, die Arbeit am Körper bleibt eine individuelle Quälerei. Sie muss nicht nur die mit den Jahren wachsenden Widerstände des Körpers überwinden, sondern wird auch nie fertig, weil die Fitness und Schönheit des Körpers immer wieder neu hergestellt werden müssen. Es ist eine Sisyphosarbeit. Muskeln, die nicht beansprucht werden, baut der Körper wieder ab, Nährstoffe, die er nicht verbrennt, speichert er als Fett. Die Hardbodys der Stars, an denen sich viele Menschen orientieren wie die alten Seefahrer an den Sternen, erstrahlen nur für einen kurzen Augenblick unter spezieller Beleuchtung. Der Schauspieler Dwayne »The Rock« Johnson etwa hat für seinen Hardbody, den er im Film *Aquaman* (2021) trägt, tausende Stunden trainiert und sich einer strengen Diät unterworfen, die nicht nur die Kalorien reglementierte, die er zu sich nehmen durfte. Zum Ende begrenzte sie auch die Menge an Wasser, die ihm zu trinken erlaubt war, um an einem bestimmten Tag, an dem spezielle Szenen gedreht werden sollten, genauso auszusehen, wie er wollte. Das ist natürlich ein extremes Beispiel, aber im Grunde laufen alle körperbildenden Maßnahmen ähnlich ab. Selbst in meinem *Movie Prep* gibt unser Trainer Pieter uns genau vor, wie viel Gramm Protein, Fett oder Kohlenhydrate wir pro Kilo Körpergewicht und Tag essen sollen und passt das in einen Verlaufsplan ein, der am Ende (also etwa alle acht Wochen) auf eine Abmagerungsphase hinausläuft, in der das Protein erhöht und die anderen Nährstoffe gesenkt werden, wobei einige für die Vorher-Nachher-Fotos in den letzte zwei Tagen sogar weniger trinken. Da für mich diese *leaning phases* allerdings nicht in Filmaufnahmen münden, sondern in Sonntagen mit drei Kleinkindern, nehme ich sie nicht besonders ernst und fülle den Kohlenhydratspeicher meines Dadbodys gerne schon etwas früher mit kalten Bieren auf, was natürlich »Damn straight ok« ist, wie mir Pieter im Chat schrieb, denn ich bin ja kein Profi, sondern versuche nur die Balance zwischen Sixpack und Plautze zu halten.[18] Gleichwohl gehört die Arbeit am eigenen Körper für mich – wie für viele andere Menschen – ganz wesentlich zu meiner Identität. Der nicht nur von Superheldendarstellern, sondern letztlich fast jedem Werbeplakat propagierte Hardbody ist ein zentrales kulturelles Muster, nach dem wir unser Körperbild entwerfen. Allerdings sind Körper nicht nur Körper. Sie sind auch das Produkt einer spezifischen Formung durch kulturelle, gesellschaftliche, politische und ökonomische Kräfte. Die Wirkung der meines Erachtens wichtigsten solcher Einflüsse für den Hardbody will ich im Folgenden skizzieren.

I.
Wie der Hardbody entstand

Kapitel 1
Klassische Glasbläserei

Dass dieser Hardbody ein kulturell geprägtes und tradiertes Bild ist, bedeutet freilich auch, dass er nicht nur ein bloßer Körper ist, sondern als ein Zeichen gelesen werden kann, das auf eine ganze Reihe von Inhalten unserer Kultur verweist. Deshalb hat die kleine Geschichte des Hardbodys, die ich im Folgenden skizzieren möchte, immer zwei Seiten, eine körperliche und eine geistige. Das wird bereits anlässlich seiner Erfindung deutlich, die wir deutschen Philosophen und Kunsthistorikern in der Mitte des 18. Jahrhunderts verdanken, also Menschen wie dem Altertumskundler Winckelmann oder den Schriftstellern Lessing und Herder. Auch diese standen selbstredend auf den Schultern von anderen, vor allem denen griechischer, römischer und italienischer Künstler, die die Statuen und Bilder antiker Götter, Helden und Athleten schufen, welche sich die Gelehrten auf ihren Reisen nach Italien ansahen. Der klassische Hardbody ist im Wesentlichen also eine europäische Gemeinschaftsproduktion männlicher Prägung aus antiken Körpern, italienischem Licht und deutscher Philosophie.

Wie Körper und Geist im klassischen Hardbody zusammenspielen, zeigt etwa Winckelmanns Rede von der »edlen Einfalt und stillen Größe«, die er in den antiken Statuen entdeckt und als Ausdruck des antiken Charakters versteht, »eine schöne Seele in einem schönen Körper«. Die Vorstellung vom athletisch-schönen (Männer-)Körper als Ausdruck des Geistes findet sich bei allen Autoren. Herder meint, der Körper sei wie ein Glas, das vom Geist ausgeblasen worden sei, eine Hülle, so »zart wie eine

Seifenblase«.[1] Winckelmann schreibt ganz ähnlich, der schöne Körper sei »wie mit einem gelinden Hauche geblasen.«[2]

Das Bild des Ausblasens ist für das Verständnis des klassischen Idealkörpers sehr aufschlussreich. Mit der Vorstellung des Geistes als eines Lufthauchs schließt es an eine antike Vorstellung von der Seele als Atem an, wie sie etwa Platon formuliert und im Lateinischen bereits vom Begriff selbst her gegeben ist, insofern der Atem und die Seele mit demselben Wort bezeichnet werden: *anima*. Die Vorstellung von der Seele als Atem dient auch dazu, belebte und unbelebte Körper voneinander zu unterscheiden. Der belebte Körper wird als von einer Seele durchatmet oder eben animiert vorgestellt, etwa bei Aristoteles.[3] Das klassische Bild des Ausblasens eines Körpers durch den Geist, der ihn beseelt, übersetzt diese Vorstellung nicht nur in ein Bild, sondern beschreibt zugleich spezifische Merkmale des als schön qualifizierten Körpers.

Dazu gehört zum einen, dass der Vorgang des Ausblasens das Material auszehrt und aufbraucht, bis nur noch eine dünne Hülle übrig ist. Diese Hülle ist hart und geschlossen. Sie ist glatt und makellos. Sie weist keine Einschlüsse, Dellen oder Falten auf. Sie ist starr und kalt. Sie ist rund und sanft geschwungen. Nichts steht hervor oder ab. Obgleich sie betastet werden kann, offenbart sie ihre Schönheit vor allem den Augen. Sie riecht oder schmeckt nicht.

All diese Qualitäten finden sich in unzähligen Variationen in den Beschreibungen des klassischen Hardbodys wieder. Winckelmann schreibt in seinen *Gedanken über die Nachahmung der griechischen Werke in der Malerei und Bildhauerkunst?* (1756)

> »Die Meisterstücke zeigen uns eine Haut, die nicht angespannet, sondern sanft gezogen ist über ein gesundes Fleisch, welches dieselbe ohne schwülstige Ausdehnung füllt, und bei allen Beugungen der fleischigten Teile der Richtung derselben vereinigt folgt. Die Haut wirft niemals, wie an unsern Körpern, besondere und von dem Fleisch getrennete kleine Falten. [...] Es bietet sich hier allezeit die Wahrscheinlichkeit von selbst dar, daß in der Bildung der schönen griechischen Körper, wie in

den Werken ihrer Meister, mehr Einheit des ganzen Baues, eine edlere Verbindung der Teile, ein reicheres Maß der Fülle gewesen, ohne magere Spannungen und ohne viel eingefallene Höhlungen unserer Körper.«[4]

»Die Form der wahren Schönheit«, findet Herder, »hat nichtunterbrochene Teile«[5] und führt an anderer Stelle, in einem Text mit dem Titel *Plastik* (1778), fort: »Diese Adern an Händen, diese Knorpel an Fingern, diese Knöchel an Knien müssen geschont und in Fülle des Ganzen verkleidet werden; oder die Adern sind kriechende Würme, die Knorpel aufliegende Gewächse«.[6]

Zu den Merkmalen des ausgeblasenen Körpers gehört auch, dass er innen hohl ist. Der Atem hat das Material in eine reine Oberfläche verwandelt, eine schöne Schale ohne Inhalt – abgesehen vom Geist selbst. Hogarth, auf dessen geschwungene Schönheitslinie sich Herder bezieht, schreibt dazu in seiner *Analysis of Beauty* (1753): Man »stelle [...] sich jeden Gegenstand, welchen wir betrachten werden, so vor, als ob alles, was inwendig darinnen ist, so rein herausgenommen sey, daß nichts, als dünne Schale, übrig geblieben, welche sowohl in ihrer innern, als äußern Fläche, mit der Gestalt des Gegenstandes selbst genau übereinkömmt.«[7]

Für immer hart, für immer jung

Damit der Körper zur schönen Hohlform und die Seele in ihm sichtbar werden kann, werden alle Organe und alle Spuren des Organischen aus ihm entfernt – und alle Öffnungen, aus denen das Organische heraustreten und mit der Welt kommunizieren könnte, verschlossen. Das gilt für die Öffnungen im Gesicht wie die Nase, die auf keinen Fall laufen, oder den Mund, der keine Zähne zeigen darf,[8] für periphere Öffnungen wie die Ohren, die »platt geschlagen und an den knorpelichten Flügeln geschwollen«[9] sein müssen, damit sie enger anliegen, ihre Löcher nicht zeigen und durch die Schwellung in ihrer Erscheinung »mehr sanft verblasene[s] [...]

Leibhafte[s]«[10] gewinnen. Und das gilt vor allem für die Öffnungen und Organe, die eng mit dem Stoffwechsel und der Sexualität verbunden sind. Der Bauch muss so flach sein, dass der Körper gleichsam wie »ohne Bauch« erscheint. Die Brüste dürfen sich nur gleich kleinen Hügeln vorwölben; die Brustwarzen müssen unsichtbar bleiben – genauso wie Penis und Vulva. Am liebsten sind den Klassikern Hardbodys ohne spezifisches Geschlecht, Verschnittene oder Hermaphroditen. Winckelmann etwa findet: »Auch die Theile der Scham haben ihre besondere Schönheit. [...] Wenn aber an einigen Figuren des *Apollo* und des *Bakchus* das Gemächte wie mit Fleiß ausgeschnitten scheinet, so daß man an dessen Statt eine Hohlung siehet«, dann sei das »für keine frevenliche Verstümmelung zu halten«, sondern viel schöner, als wenn das Geschlechtsteil zu sehen wäre. An Figuren, an denen es nicht abgeschnitten worden ist, soll es möglichst unsichtbar sein.[11] Am schönsten findet er jedoch »das Gewächs der Verschnittenen, zu welchen man wohlgebildete Knaben wählte«, weil es eine »mittlere Gestalt« zwischen männlichen und weiblichen Körpermerkmalen einnimmt und mithin eigentlich geschlechtslos ist.[12] Herder hingegen schätzt es, wenn das männliche Glied »ziemlich lang« und »elastisch« ist – zumindest, solange es nicht vollständig erigiert, sondern nur »sanft angespannt« bleibt und auch »die Eichel oben nur etwas entblößt« ist.[13] Der Penis darf nur als Fortsetzung der sanft schwellenden Muskeln des Hardbodys sichtbar werden, nicht als Geschlechts- und Zeugungsorgan. Der Zeitgenosse Goethe hat diese Ästhetik des Halbsteifen als heuchlerisch kritisiert. Wenn er in seinen *Römischen Elegien* den »Pfahle der [...] rot von den Hüften entspringt« feiert und das Riesenglied des antiken Gottes Priapus besingt, bezieht er sich damit jedoch auch nicht auf das biologische Zeugungsorgan, sondern das dichterische. Der Phallus ist ein Symbol der poetischen Potenz.[14] Friedrich Nietzsche fasst diese ästhetische Beurteilung des Körpers später so zusammen:

»Das ästhetisch-Beleidigende am innerlichen Menschen ohne Haut – blutige Massen, Kothgedärme, Eingeweide, alle jene saugenden, pumpenden Unthiere – formlos oder häßlich oder grotesk, dazu für den Geruch peinlich. Also weggedacht! Was davon doch heraustritt, erregt Scham (Koth Urin Speichel Same) Frauen mögen nicht vom Verdauen hören, Byron eine Frau nicht essen sehen [...]. Der Mensch, soweit er nicht Gestalt ist, ist sich ekelhaft – er thut alles, um nicht daran zu denken. – Die Lust, die ersichtlich mit diesem innerlichen Menschen zusammenhängt, gilt als niedriger – Nachwirkung des aesthetischen Urtheils. Die Idealisten der Liebe sind Schwärmer der schönen Formen, sie wollen sich täuschen und sind oft empört bei der Vorstellung von Coitus und Samen.«[15]

Durch die Entleerung und Verschließung kann der Körper – und das ist das Ziel – aus dem Stoffwechsel mit der Natur ausgeschlossen werden. Kant beschreibt in seiner populären Schrift über *Das Ende aller Dinge* (1794) das Paradies als einen Ort, an dem die Menschen keine Ausscheidungen produzieren. Diese kommen erst mit dem Sündenfall von Adam und Eva in die Welt, die das Paradies damit in eine Kloake verwandeln. Das Paradies war ein Garten im Himmel, in welchem

»Bäume genug, mit herrlichen Früchten reichlich versehen, anzutreffen waren, deren Überschuß nach ihrem Genuß sich durch unmerkliche Ausdünstung verlor; einen einzigen Baum mitten im Garten ausgenommen, der zwar eine reizende, aber solche Frucht trug, die sich nicht ausschwitzen ließ. Da unsre ersten Eltern sich nun gelüsten ließen, ungeachtet des Verbots, dennoch davon zu kosten: so war, damit sie den Himmel nicht beschmutzten, kein andrer Rath, als daß einer der Engel ihnen die Erde in weiter Ferne zeigte mit den Worten: ›Das ist der Abtritt für das ganze Universum‹, sie sodann dahinführte, um das Benöthigte zu verrichten, und darauf mit Hinterlassung derselben zum Himmel zurückflog. Davon sei nun das menschliche Geschlecht auf Erden entsprungen.«[16]

Durch den Ausschluss aus dem Stoffwechsel mit der Natur gewinnt der Körper ewige Jugend. Das ist wichtig, weil sich die ununterbrochene, sanft fließende Kontur des Körpers nur im jugendlichen Körper unverstellt zeigt. »In der schönen Jugend fanden die Künstler die Ursache der

Schönheit in der Einheit, in der Mannigfaltigkeit und in der Übereinstimmung«, schreibt Winckelmann.

»Denn die Formen eines schönen Körpers sind durch Linien bestimmt, welche beständig ihren Mittelpunkt verändern und fortgeführt niemals einen Zirkel beschreiben, folglich einfacher, aber auch mannigfaltiger als ein Zirkel, welcher, so groß und so klein derselbe immer ist, eben den Mittelpunkt hat und andere in sich schließt oder eingeschlossen wird. [...] Je mehr Einheit aber in der Verbindung der Formen und in der Ausfließung einer aus der andern ist, desto größer ist das Schöne des Ganzen. Ein schönes jugendliches Gewächs, aus solchen Formen gebildet, ist wie die Einheit der Fläche des Meeres, welche in einiger Weite eben und stille wie ein Spiegel erscheint, ob es gleich alle Zeit in Bewegung ist und Wogen wälzt.«[17]

Sobald der Körper altert, verliert er die schöne Kontur, wird welk und faltig. Runzeln oder Falten zerstören die glatte Haut und die Falte durchkreuzt die Unterscheidung von Innen und Außen, die für den Hardbody als Hohlform grundlegend ist. Die Falte stülpt ein Inneres nach außen. Der Hardbody kann indes nur als schöne Hohlform seine Funktionen erfüllen, nämlich zum einen ein rein ästhetisches Phänomen zu sein, auf dessen äußerer Fläche sich eine selbstidealisierende Sinnlichkeit spiegelt, zum anderen ein Gefäß des Geistes oder der Seele, die über die glatte Haut mit den Betrachtenden kommunizieren.

Sich selbst idealisierende Sinnlichkeit

Die sich selbst idealisierende Sinnlichkeit ist die ästhetische Funktion des Hardbodys. Sie wird von seiner Jugendlichkeit unterstützt, weil der ewig jugendliche Körper der Dynamik der Zeit enthoben ist. Er verliert alles Erdenschwere und wird zum ätherischen Idealleib, einem Körper, der nur »gleichsam ein Körper« ist, ein Körper-als-ob. Ein Gefäß des Geistes oder der Seele zu sein ist die soziale Funktion des Hardbodys. Sie besteht darin, denjenigen, die ihn anschauen, ein künstliches Paradies zu bieten, in das sie sich aus einer als unsicher erfahrenen Welt und als prekär erfahrenen Existenz flüchten können. Zu diesen Erfahrungen der Unsicherheit kommt es, weil im Zuge der Aufklärung alle »Deutungs-, Sinnstiftungs- und Tröstungssysteme des abendländischen Geistes« ins Wanken geraten sind und daraus eine umfassende Orientierungslosigkeit entstanden ist.[18] Die Klassiker antworten darauf mit einer Vergeistigung des Sinnlichen, die den Hardbody als einen Ausdruck sittlicher Ideen liest. Dazu gehören konkrete sittliche Vorstellungen wie Disziplin oder Enthaltsamkeit, aber auch höhere Ideale wie innere Stärke, Heldenmut oder Aufopferungsbereitschaft, die sich mit den ästhetischen Anforderungen an den Hardbody verbinden. So wendet sich etwa Lessing nicht nur deshalb gegen »schlappe bis auf den Nabel herabhangende Brüste«, weil sie der glatten, schön geschwungenen Kontur widersprechen, sondern auch, weil sie ihn an die stillende Mutter erinnern und damit einerseits Vorstellungen des leiblichen Genusses wachrufen (der trinkende Säugling) als auch der sexuellen Lust (die Zeugung des Säuglings).[19]

Ein besonders berühmtes Beispiel dafür, wie die Klassiker in den schönen Körpern einen schönen Geist entdecken, ist Winckelmanns Beschreibung eines Torsos im römischen Belvedere. Wir wissen heute, dass die nur noch im Rumpf erhaltene Statue vermutlich einen antiken Ringer darstellen sollte, Winckelmann sieht die Statue jedoch als eine beschädigte Abbildung des Halbgottes Herkules an, der hier in dem Moment gezeigt werde, in dem er sich »von den Schlakken der Menschheit mit Feuer gereinigt und die Unsterblichkeit und den Sitz unter den Göttern erlangt hat.« Mit der Rede vom reinigenden Feuer spielt Winckelmann darauf an, dass Herakles verbrannt wurde und als Rauch in den Himmel aufgestiegen ist, wo er nun in einem Körper sitzt, der von allen Trieben und Begierden gereinigt worden ist (Herakles soll zum Beispiel sehr jähzornig und lüstern gewesen sein). Wir sehen mit Winckelmann also Herakles als reines Inbild der Stärke und des Heldenmutes. Daran anschließend imaginiert Winckelmann die Abenteuer, die Herakles bestehen musste, bevor er in den Olymp aufgenommen wurde, und ergänzt dabei die fehlenden Teile der Statue, sodass der Körper vor seinem inneren Auge wieder ganz wird. In Herakles' Hardbody spiegelt sich für Winckelmann »die unüberwundene Kraft des Besiegers gewaltiger Riesen« und er kann die »Schulter [...] nicht betrachten, ohne [...] zu erinnern, daß auf ihrer ausgebreiteten Stärke, wie auf zwei Gebirgen, die ganze Last der himmlischen Kreise geruht hat.« Hier spielt Winckelmann darauf an, dass Herakles für Atlas den Himmel tragen musste, damit dieser seinen Töchtern (den Hesperiden) goldene Äpfel entwenden konnte, die eigentlich Herakles selbst für den König von Mykene hatte stehlen sollen. Die Imagination der Abenteuer oder – wie es im Mythos heißt – der Arbeiten des Herakles, animieren seinen Hardbody. Sie lassen ihn lebendig werden und beseelen ihn mit ihrem Geist, sodass der Körper zum Ausdruck dieses Geistes und der mit ihm assoziierten Attribute wird, etwa des Heldenmutes oder einer göttlichen Stärke, die »die Natur übersteigt«. »Keine Brust eines drei- oder viermal gekrönten olympischen Siegers«, schreibt Winckelmann weiter, »keine Brust eines spartanischen Kriegers, von Helden geboren, muss sich so prächtig und erhoben gezeigt haben.«

Auch Fitness und Gesundheit gehören zu den Idealen oder sittlichen Vorstellungen, die der Hardbody kommuniziert. So schreibt Winckelmann über das »gesunde Fleisch« des Hardbodys:

»Seht den schnellen Indianer an, der einem Hirsche zu Fuße nachsetzt. Wie flüchtig werden seine Säfte, wie biegsam und schnell werden seine Nerven und Muskeln, und wie leicht wird der ganze Bau des Körpers gemacht. So bildet uns Homer seine Helden, und seinen Achilles bezeichnet er vorzüglich durch die Geschwindigkeit seiner Füße.

Die Körper erhielten durch diese Übungen den großen und männlichen Kontur, welchen die griechischen Meister ihren Bildsäulen gegeben, ohne Dunst und überflüssigen Ansatz. Die jungen Spartaner mußten sich alle zehn Tage vor den Ephoren nackend zeigen, die denjenigen, welche anfingen fett zu werden, eine strengere Diät auflegten.«[20]

Allerdings ist die Fitness des Hardbodys nur ein marginaler Aspekt einer »Physiologie des Paradieses«, wie Herder sagt, in das sich die Klassiker über den schönen Körper träumen. Der klassische Hardbody ist noch kein Teil der bürgerlichen Selbstdisziplinierung und auch noch kein Asset im individuellen Wettbewerb um Anerkennung, sondern ein rein ästhetisches Phänomen, das allenfalls mit einer Defensivfunktion ausgestattet ist. Sie besteht darin, den Mangel an Ausgelegtheit des Seins, also einer Orientierungslosigkeit, mittels einer Überführung des Sinnlichen in das Reich übersinnlicher Ideale zu kompensieren und ein Reich des schönen Scheins zu errichten, in das sich die Betrachter des schönen Körpers aus ihrer Trost- und Orientierungslosigkeit flüchten können.[21] Mithin geht vom klassischen Hardbody auch kein Imperativ aus. Er hat keinen Bezug zu den realen Körpern, sondern ist ein reiner Kunst- oder Phantasiekörper. Damit unterscheidet er sich von den medial inszenierten Hardbodys der Gegenwart, die, obzwar mit allen Mitteln der Kunst inszeniert und bearbeitet, immer noch an reale Körper zurückgebunden sind, auch wenn es sich dabei häufig um Körper von Schauspielern oder Models handelt. Das zeigt etwa Dwayne Johnson mit seiner strengen Diät und seinen vielen tausend Stunden Training zur Vorbereitung auf seine Rolle als Black Adam in dem oben erwähnten Marvel-Film. Denn während Johnson versucht, sich dem Heldenkörper so weit wie möglich anzunähern und seinen Fans Tipps gibt, wie sie es ihm nachtun können, geht vom klassischen Hardbody überhaupt kein physiologischer Imperativ aus, sondern, wenn überhaupt, ein ideeller, nämlich das Gebot, der Idee des Menschen zu entsprechen, wie sie sich im klassischen Hardbody zeigt, nicht aber ein Hardbody zu werden. Während sich die Erscheinung des Hardbodys in der Geschichte relativ konstant hält und heutige Hardbodys den klassisch schönen Körpern noch relativ ähnlich sehen, haben sich der Geist, der diesen Hardbody bildet, und seine Beziehung zu realen Körpern drastisch verändert. Um diese Verschiebung in der Codierung des Hardbodys zu verstehen, ist es nötig, auf die Geschichte und Codierung dessen zu blicken, was er ausschließt, das organische Innenleben dieses Körpers, seine Organe und Öffnungen, seine Ausscheidungen und Verbindungen mit der Außenwelt und dem Kreislauf der Natur – also dem, was die Klassiker das Ekelhafte nannten.

Kapitel 2
Der zivilisatorische Hardbody und der groteske Softbody

Für die Klassiker, die den Hardbody als schönen Körper entwerfen, ist das Ekelhafte das Nicht-Schöne. Mithin gilt alles, was aus der schönen Hohlform entfernt werden muss, damit der Atem des Geistes ungestört darin wehen kann, und alles, was den Körper zur Außenwelt hin öffnet oder an den Kreislauf der Natur anschließt, als ekelhaft. Nicht nur das Blut und der Samen, von denen Nietzsche oben sprach, Kot, Urin, die blutigen Massen, Gedärme, Eingeweide und die saugenden und pumpenden »Unthiere« der Organe, sondern überhaupt alles, was die schöne Kontur und das Glatte irgendwie stört und unterbricht, also auch Haare, Falten, Narben, Runzeln und alle Arten von Löchern. Für Klassiker waren diese Dinge allerdings nicht in dem Sinne ekelhaft, dass sie persönlich von ihnen angewidert gewesen wären oder sie sonst wie abgelehnt hätten, sondern es ging allein um eine ästhetische Unterscheidung. Es war der künstliche Körper, also der Körper in der Kunst als einer Gegenwelt zur Realität, der ein Hardbody, eine schöne Hohlform sein sollte und der deshalb von allem Ekelhaften befreit werden musste. In der Konzeption dieses Idealkörpers setzten sich die Klassiker wiederum von einem anderen künstlichen Körper ab, dem grotesken oder karnevalesken Körper der Renaissance und des Mittelalters.

Wie der klassische Hardbody ist auch der groteske Körper kein Realkörper, sondern ein wiederum kulturell mehrfach codiertes Idealgebilde mit ebenfalls bestimmten sozialen Funktionen – allerdings nicht einer Hochkultur wie der Klassik, sondern der Volkskultur, die ihn im Karneval inszeniert und feiert und sich von den offiziellen Festen und Feiertagen der Hochkultur absetzt, wie sein berühmtester Theoretiker, der Literaturwissenschaftler Michail Bachtin erläutert hat.[1] Der groteske Körper ermöglicht keine Erhebung zu Idealen, sondern eine Transgression und die öffentliche Aufführung einer verkehrten Welt, in der etablierte Normen, Werte und Ordnungsvorstellungen auf dem Kopf stehen. Das Oberste wird zuunterst gekehrt, obszönes Verhalten ist nicht reglementiert, sondern wird gefordert, Hierarchien werden umgekehrt: Utopie einer ganz anderen Form von Gemeinschaft.

Was für einen großen Schlund du hast!

Die berühmtesten Beispiele für einen grotesken Körper – und die Kronzeugen für Bachtins Theorie – gibt der französische Schriftsteller François Rabelais in seinem fünfbändigen Romanzyklus, dessen berühmte erste Bände nach ihren Protagonisten benannt sind: *Gargantua und Pantagruel* (1532–1564). Sie sind zwei Könige, Vater und Sohn. Beide sind kolossale Fresser und Säufer. Gargantua heißt »Du hast einen großen Schlund«. Er bekomm seinen Namen, weil er bei seiner Geburt nicht brüllt wie ein normales Baby, sondern ruft »Zu trinken, zu trinken, zu trinken!«, im Französischen Original »A boyre, à boyre, à boyre!«, und sein Vater Grandgousier (zu Deutsch der große Schlund) ihm antwortet »Que grand tu as!« – »Was für einen großen du hast [ergänze: den Schlund, B.V.]!« Der große Appetit und die großen Münder erklären sich indes auch durch ihre Körpergröße, denn beide sind Riesen und müssen entsprechend viel aufnehmen und ausscheiden, um ihren Stoffwechsel zu unterhalten. Die ungeheuerliche Gestalt der beiden und ihre maßlose Verstoffwechselung der Welt geben Anlass zu manchen grotesken Erlebnissen, die der Roman genüsslich schildert. So kommt Pantagruel zum Beispiel mit seinem Gefolge zum Studium nach Paris.

2 Der zivilisatorische Hardbody und der groteske Softbody

»Einige Tag, nachdem sie sich gut ausgeruht hatten, sah er sich die Stadt an, und jeder starrte ihn voll Bewunderung an, denn das Volk von Paris ist so dumm, so neugierig und so dämlich von Hause aus, dass ein Gaukler, ein Ablasskrämer, ein Maulesel mit seinem Glöckchen oder ein Fidelspieler auf einer Kreuzung mehr Leute versammelt als ein guter Evangelienprediger.

Sie verfolgten ihn mit einer solchen Hartnäckigkeit, dass er gezwungen war, sich auf den Türmen der Kirche Notre-Dame niederzulassen. Als er dort war und um sich herum so viele Leute sah, sagte er mit lauter Stimme: *Ich glaube, diese Flegel wollen, dass ich hierselbst meinen Willkommensgruß entbiete und mein Proficiat* [d. h. Wohl bekomm's! B.V.] *übergebe. Das geht in Ordnung. Ich werde ihnen einen Wein ausgeben, aber nur per risum, zum Spaß.*

Dann knöpfte er lachend seinen wunderschönen Hosenlatz auf, holte seinen Spritzwurm an die frische Luft und bepisste sie so vergnügt und munter, dass zweihundertsechzigtausendvierhundertachtzehn von ihnen ersoffen – Frauen und Kleinkinder nicht mitgerechnet.«[2]

Wie in der Fabel Kants ist auch hier die Welt respektive Paris eine Kloake. Und hier wie dort ist das eine Folge der menschlichen Sündhaftigkeit oder Dummheit. Während die Klassiker jedoch bestrebt waren, ihre Welt von allen kontaminierenden Ausscheidungen zu reinigen, stellt die groteske Kunst den Körper und seine Ausscheidungen fröhlich aus. Sie hebt die »blutigen Massen, Kothgedärme, Eingeweide« hervor, die die Klassik später eliminierte, und zeigt den Menschen als saugendes und pumpendes Unthier, während die Klassik ihn zur Gestalt idealisiert.

Die Pobacken zusammenkneifen

Damit sind nicht nur zwei unterschiedliche ästhetische Konzepte verbunden, sondern auch verschiedene soziale Funktionen. Rabelais' groteske Körper entstehen in einer Situation, in der die kulturell tonangebende

Schicht, der europäische Adel, die Körperfunktionen und das Triebleben einer immer strengeren Kontrolle unterwirft. So schreibt etwa der von Rabelais hochverehrte Erasmus von Rotterdam 1530 in einem Unterrichtsbuch für höhere Knaben: »Ein wohlerzogener Mensch soll sich nie dazu hergeben, die Glieder, mit denen die Natur das Gefühl der Scham verband, ohne Notwendigkeit zu entblößen. Wenn die Notwendigkeit dazu zwingt, muß man es mit Dezenz und Reserve tun«.[3]

Dass Erasmus betont, man solle seine Geschlechts- und Ausscheidungsorgane nicht öffentlich zeigen, wenn es sich vermeiden lässt, spricht freilich dafür, dass genau das der Fall war: Man zeigte seine Geschlechtsorgane und die entsprechenden Körperöffnungen anderen auch dann, wenn es nicht unumgänglich war und schämte sich auch nicht dabei. Noch zweihundert Jahre später ermahnte Johann Christian Barth die Jugend in seiner *Sittenlehre für die galante Welt* (1731): »Gehet man bey einer Person vorbey, welche sich erleichtert, so stellet man sich, als ob man solches nicht gewahr würde, und also ist es auch wider die Höflichkeit, selbige zu begrüßen.« Auch das dürfte mithin häufiger vorgekommen sein. Ein Mensch verrichtet – ähnlich Pantagruel in Paris – öffentlich seine Notdurft und andere sprechen ihn dabei an, grüßen ihn und verhehlen nicht, dass sie sehen, was er tut. Da das jedoch nicht mehr vorkommen soll, versuchen Pädagogen wie Erasmus oder Barth den Menschen ein Schamgefühl anzuerziehen, das sie zwingt, sich nicht vor anderen zu entblößen und bestimmte Funktionen ihres Körpers und die entsprechenden Regungen ihrer Triebe zu unterdrücken. Dabei geht es den Erziehern zwar auch um hygienische Fragen, denn mit fortschreitenden anatomischen und medizinischen Kenntnissen wurden die negativen Auswirkungen der Allgegenwart von Kot, Speichel, Rotz und Urin sowie der permanenten Öffnung der Körper zunehmend deutlich. Vor allem ist es den Pädagogen aber darum zu tun, das Verhalten in eine bestimmte Richtung zu lenken. Es soll zurückhaltender und rationaler werden, das heißt weniger von den Affekten und mehr vom Verstand geleitet, weniger überraschend, besser kalkulier- und planbar. Der Soziologe Norbert Elias beschreibt das als einen *Prozess der Zivilisation* (1939), der darauf reagiert, dass immer mehr

2 Der zivilisatorische Hardbody und der groteske Softbody

Menschen immer enger zusammenleben und -arbeiten und ihr Verhalten mithin aufeinander abstimmen und das heißt: rationalisieren müssen. Sie müssen sich zunehmend kontrollieren und im Griff haben und dazu müssen sie den Anteil der Trieb- oder Affektäußerung in ihrem Verhalten kontinuierlich zurückdrängen. Das geschieht dadurch, dass sie ein Schamgefühl entwickeln, das verschiedene Bereiche und Funktionen des Körpers mit einem Tabu belegt. Diese dürfen nicht gezeigt werden. Das gilt zunächst nur gegenüber Höher- oder Gleichgestellten, denen man Respekt und Anerkennung schuldet, nicht aber gegenüber tieferstehenden Menschen, für die das nicht gilt. Es ist das schon beschriebene Verhältnis von Herr und Knecht, das regelt, wer sich vor wem zu schämen und seinen Körper zu kontrollieren hat. Könige haben bis ins 17. Jahrhundert auch auf der Toilette sitzend Audienzen gehalten, was den Hofnarren Ludwigs XIII. zum Bonmot veranlasste, sein Herr müsse stets »alleine essen, aber in Gesellschaft scheißen«.[4] Mit zunehmender Arbeitsteilung und einem Abflachen der sozialen Hierarchien weitet sich die Reichweite des Zwangs jedoch aus. Die Scham demokratisiert sich und verwandelt sich von einem äußeren Zwang in einen inneren. »Erst damit«, schreibt Elias, »schließt sich die Rüstung um das Triebleben bis zu jenem Grade, der den Menschen der demokratisch-industriellen Gesellschaft dann allmählich als selbstverständlich erscheint.«[5]

Die Rüstung, von der Elias spricht, ist der menschliche Körper. Zivilisiert zu sein heißt, kontrolliert zu sein, und kontrolliert ist, wer seinen Körper unter Kontrolle hat. Die Zivilisation beginnt also mit der Körperkontrolle – wobei Körperkontrolle nicht nur die Beherrschung der Bewegungen und Regungen des Körpers meint, sondern auch eine bestimmte Zurichtung des Körpers. Seine Öffnungen werden nach und nach verschlossen, seine Säfte werden trockengelegt, seine Organe werden zum Schweigen gebracht. Der Körper schließt sich ab. Er verhärtet sich zu einem Panzer und wird damit zu einem Werkzeug, um sich selbst Anerkennung zu verschaffen und anderen Anerkennung zu bezeugen – er wird zu einer zentralen Ressource des Erfolgs. So entsteht der reale Hardbody: der Körper als Rüstung, die sich um das Triebleben legt.

Dieser Körper ist noch nicht äußerlich durchgestaltet wie der Hardbody der Klassiker, aber schon äußerlich kontrolliert. Die höfische Kultur der frühen Neuzeit hat diese äußerliche Kontrolle des Körpers verfeinert und selbst eine Kunst daraus gemacht. Der italienische Diplomat Baldassare Castiglione hat diese Kunst als *sprezzatura* bezeichnet, als eine besondere Form der Lässigkeit, die jede Handlung leicht, elegant und mühelos erscheinen lässt und den enormen Aufwand an Selbstkontrolle und Übung, der ihr zugrunde liegt, verbirgt.[6] Damit ändert sich freilich das Verhältnis zur Welt, in der sich die Menschen mit ihrem Körper bewegen, und zu den anderen Menschen, mit denen sie diese Welt teilen. Die Welt erscheint zunehmend als eine Bühne, auf der die Menschen auftreten und auf der jeder das Publikum des anderen ist. Der Körper wird dabei zu einem Kostüm und der Mensch zu einem Schauspieler seiner selbst. Entsprechend finden wir eine zeitgenössische Vorstellung davon, was *sprezzatura* heute heißen könnte, auch am ehesten in den darstellenden Künsten, zum Beispiel in der Eleganz, mit der sich der Schauspieler Cary Grant in seinen Filmen die Krawatte bindet oder eine Zigarette anzündet. Jede dieser Szenen hat Archibald Leach, wie Grant im echten Leben hieß, zu Hause vor dem Spiegel hundertfach geübt, damit sie auf der Leinwand lässig, elegant und mühelos wirkten und er sich im Licht der Scheinwerfer in Cary Grant verwandeln konnte. »Wir alle wollen Cary Grant sein«, sagte er in einem Interview mit der *New York Times*, »sogar ich«. Dabei bemerkte er auch, wie eng die Aufrichtung eines Fassadenkörpers mit dem Verschluss des biologischen Körpers verbunden ist – nicht nur für Filmstars wie ihn, die vor der Kamera besonders lässig erscheinen wollen, sondern überhaupt für alle, die sich dem zivilisatorischen Körperregime unterwerfen müssen: »Wissen Sie, wir klemmen alle unbewusst permanent die Pobacken zusammen«, sagte er dem Journalisten.[7]

Eine zweite Veränderung betrifft das Verhältnis des Körpers zu den Dingen in der Welt. Im Zusammenhang mit der Affektkontrolle und der Langsicht, die der Prozess der Zivilisation fordert, wird das menschliche Tun in immer längere Mittel-Zweck-Reihen eingespannt, die diesen Zweck der Tätigkeit in immer größere Ferne rücken und sich immer abstrakterer Mittel bedienen. Mithin wird auch der Kontakt des Körpers mit der Welt und mit anderen Körpern immer vermittelter. Das lässt sich zum Beispiel an der Arbeit beobachten, die sich in immer geringerem Maße an den Substanzen der Welt und ihren Widerständen abarbeitet, also immer weniger Stoffwechsel mit der Natur ist, wie der Ökonom Karl Marx schreibt, und im zunehmenden Maße zur Verarbeitung von Zeichen wird.[8] Damit rückt der menschliche Körper aus der physikalischen Realität heraus und in die virtuelle Realität hinein. Er wird schließlich selbst zu einem Zeichen, das auf eine bestimmte Kultur verweist.

Utopie und Karneval

Rabelais' Roman steht freilich erst am Anfang dieses Zivilisationsprozesses, der in der höfischen Gesellschaft ansetzt und das Volk noch nicht erreicht hat. Gerade deshalb ist es jedoch bemerkenswert, dass er seine riesenhaften Könige gegen die Schamgrenzen der beginnenden Zivilisation verstoßen lässt und Letztere in den grotesken Szenen verspottet. Dabei bedient sich sein Angriff auf die gesellschaftliche Ordnung und ihre Tabus desselben Mittels, mit dem diese Ordnung etabliert werden soll: der Gestaltung des Körpers. Über Gargantuas Geburt etwa ist zu lesen, dass seine Mutter Gargamelle »Durchfall [bekam], weil sie zu viele Kutteln gegessen hatte. Kutteln sind feste Eingeweide von Mastochsen.« Ihr Mann Grandgousier hatte sie noch gewarnt, sich ob ihres vom Kind schon gefüllten Leibes etwas zurückzuhalten. »[E]s *muss schon eine große Lust haben, Scheiße zu kauen, sagte er, wenn er den dazugehörigen Sack frisst*«, hat aber keinen Erfolg. »Trotz seiner Ermahnung aß sie sechzehn Mud [das sind sechzehn Hektoliter, B.V.], zwei Kübel und sechs Töpfe. O wie herrlich fäkalische Materie mußte da wohl in ihrem Bauche bullern.« Ich zitiere die Schilderung dessen, was nun geschieht, ausführlich, weil sie den grotesken Körper sehr anschaulich macht.

»Nach dem Essen gingen sie alle miteinander auf die Saulsaie-Weiden [das sind berühmte Wiesen in der Auvergne, B.V.], und dort tanzten sie auf dem dichten Grase zum Klang der fröhlichen Schalmaien und der süßen Dudelsäcke so vergnügt, dass es ein himmlischer Zeitvertreib war, ihnen bei der Kurzweil zuzusehen.

Dann entschlossen sie sich, am selben Ort eine kleine Vesper zu sich zu nehmen. Da kreisten die Flaschen, da machten Schinken die Runde, flogen die Becher und klangen die Kannen. […]

Während sie solch platte Trinksprüche klopften, fühlte sich Gargamelle unten immer schlechter. […] Wenig später fing sie an zu stöhnen, zu wehklagen und zu schreien. Von allen Seiten eilten Unmengen an Hebammen herbei, die sie unten herum abtasteten. Da fanden sie nur einige übelriechende Hautfetzen und dachten, dies sei das Kind. Ihr aber war nur der Hintern durchgegangen, infolge der Erschlaffung des Rektums (das ihr auch den Mastdarm nennt), weil sie zu viele Kutteln gegessen hatte […]. Eine hässliche Alte aus der Gesellschaft, die in dem Ruf stand, eine große Heilkünstlerin zu sein, […] verabreichte ihr ein zusammenziehendes Mittel, das so gewaltig war, dass es alle Schließmuskeln so nachhaltig zusammenzog, dass man sie nur mit großer Mühe mit den Zähnen hätte erweitern können. Infolge dieses misslichen Umstandes gaben die Kotyledonen der Gebärmutter nach, die das Kind mit einem Sprung verließ, um in die Hertzblutader einzusteigen. Dann stieg es das Zwerchfell bis oberhalb der Schultern (wo die genannte Ader sich zweiteilt), nahm seinen Weg nach links und kam durch das linke Ohr heraus.

Sobald es geboren war, schrie es nicht wie die anderen Kinder *mimmi, mimmi*, sondern rief mit lauter Stimme: *Trinken! Trinken! Trinken!*, so als wolle es alle Welt zum Trinken einladen, und man hörte es im ganzen Land von Beuxe bis Biberais.«[9]

Der groteske Körper unterscheidet sich ganz deutlich vom zivilisierten Hardbody, dem Fassadenkörper, und dem klassisch-schönen Hardbody, dem ausgeblasenen Gefäß des Geistes, denn er ist »lebendige, lustvoll wabernde Materie. Er ist offen und bietet sich seiner Außenwelt dar. Der groteske Körper ist »von der Welt nicht durch feste Grenzen getrennt«. Er ist »unfertig[.] und geöffnet[.]«, er »stirbt, gebärt und [wird] geboren«. Er ist »ein werdender. Er ist nie fertig und abgeschlossen, er ist immer im Entstehen begriffen und erzeugt selbst stets einen weiteren Körper, er verschlingt Welt und läßt sich von ihr verschlingen.«[10] Der groteske Körper steht in einer permanenten Austauschbeziehung mit der Umwelt. Er nimmt ständig auf und scheidet aus. In ihm walten die Organe, sie saugen und pumpen und stülpen sich nach außen. Wo der Hardbody von seinem Innenleben entleert ist, um dem Geist Raum zu bieten, ist der groteske Körper von seinem Innenleben beherrscht – nicht nur vom Eigenleben der Organe, sondern auch der Triebe und Affekte, die in und mit ihnen walten. Der Fress- und Trink- und Amüsierlust, des Eigensinns und der Libido. Er setzt die Spontanität der geilen Materie gegen die Langsicht des kontrollierten Geistes.«

Das heißt freilich auch, dass der groteske Körper erst in der Verletzung des zivilisatorischen Körperregimes und der mit ihm verbundenen Normen entsteht. Er ist kein ursprünglicherer oder natürlicherer Körper als der Hardbody, sondern ebenfalls ein Kulturkörper, ebenfalls ein Zeichen. Nur spricht bei ihm nicht die Haut als schön gespannte Oberfläche, sondern das tun seine Organe und Säfte, das Fett und die Därme, Kot und Urin. Es tönt aus allen seinen Löchern.

Der spanische Dichter Francisco de Quevedo hat diesen Einspruch des grotesken Körpers in einer Abhandlung besprochen, die die Vor- und Nachteile von Gesicht und Gesäß gegeneinander abwägt (*Gracias y desgracias del ojo del culo*, vermutlich 1628). Darin kommt er zu dem Ergebnis, dass das Gesäß dem Gesicht überlegen sei, weil es wie die Zyklopen, die »von den Göttern des Sehens abstammen«, nur ein Auge besitze: den Anus. Er brennt in der Mitte wie die Sonne am Himmel, schreibt Quevedo, und er brennt wie das Auge der Zyklopen.[11] Dass das Auge des Zyklopen der brennenden Sonne gleicht, hat Quevedo aus der *Fabel von Polyphem und Galatea* (1627) des Dichter Luis de Góngora übernommen, über den er sich lustig macht.[12] Im Hintergrund steht aber auch das

Sonnengleichnis aus Platons *Staat* (390–370 v. Chr.), in dem Sokrates das Auge mit der Seele – respektive der Vernunft – vergleicht und das Sehen mit der Erkenntnis des Guten. Quevedo verspottet mit der Analogie von Sonne, Zyklopenauge und Anus (als göttergleichem Auge des Gesäßes) also nicht nur Góngora, mit dem er verfeindet war, sondern er illustriert auch den Einspruch des grotesken Körpers als Aufbegehren des offenen, expressiven und lustvollen Körpers gegen den geschlossen, repressiven und vernünftigen Körper – oder des Lustprinzips gegen das Wirklichkeitsprinzip, wie der mexikanische Dichter Octavio Paz unter Hinweis auf die Psychologie Sigmund Freuds schreibt.[13] Allerdings erhebt der groteske Körper diesen Einspruch nicht auf derselben Ebene, auf der der repressive Körper seine Normen behauptet, sondern verschiebt sie ins Mythische, Phantastische und Lächerliche. Bachtin bringt diese Aufhebung der Normen durch das »abstoßend komische Fleisch« mit dem mittelalterlichen Karneval in Verbindung, der für kurze Zeit Normen und Hierarchien im Lachen außer Kraft setzt – in ihrer grundlegenden Geltung aber nicht anzweifelt, sondern bestätigt. Er trägt die Fastenzeit, die auf ihn folgt und die diese Normen umso rigider verteidigt, schon im Namen: *Carne vale*, das ist der Abschied vom lustvollen Fleisch in einem kurzen Ausnahmezustand, in dem dieses Fleisch herrscht. Eine Kippfigur. So auch in Quevedos Abhandlung. Wir lachen über die *divinitas ani* und die Überlegenheit des Gesäßes gegenüber dem Gesicht und nehmen sie im Lachen doch gleich wieder zurück. Denn was lacht, ist nicht das Gesäß, sondern das Gesicht, der Mund und die Zunge. Das Gesicht lacht über das Gesäß als Gesicht, der Verstand lacht über den Aufstand, den die Lust gegen ihn probt, und lässt sie ein wenig gewähren. Das entspricht dem subversiven Element des Karnevals. Es ist ein von der Ordnung lizensierter Aufstand, ein lächerlicher Entwurf anderer Verhältnisse, der gerade darin utopisch ist, dass er in einem Ort und einem Zustand außerhalb der Gesellschaft angesiedelt ist, einem *ou-topos*, von dem sich das Wort Utopie aus dem Griechischen herleitet, einem Nicht- oder Nirgendort. Der groteske Körper ist nicht ohne den zivilisierten Fassadenkörper zu denken, dem er widerspricht, und nicht ohne die Normen, die er verspottet. Der groteske Softbody bleibt immer auf den zivilisierten Hardbody bezogen.

Das führt auch die Geburt Gargantuas aus dem Ohr seiner Mutter vor Augen, die Gargamelle als Gegenfigur zu Maria entwirft. Sie spielt auf die mittelalterliche Vorstellung an, dass Maria Jesus durch das Ohr empfangen habe. Sie wurde eingeführt, um die kirchliche Lehre von der unversehrten Jungfrauschaft Mariens zu retten, die Jesus »bei geschlossenem Leib« empfangen haben soll. »Um 1190 kam man, ausgehend von der Bezeichnung ›Gott ist der logos‹, auf die rettende Idee von der Conceptio per aurem: Wenn ›das Wort‹ zu Maria einging, musste die Jungfrau Jesus durch das Ohr empfangen haben.«[14] Der geschlossene Hardbody Maria empfängt das Kind durch das Ohr, der offene Softbody Gargamelle gebiert es durch das Ohr. Das geht freilich nicht so sauber und blutlos ab wie bei der Jungfrau Maria, sondern unter großer Orchestrierung des grotesken Körpers. Diese Orchestrierung bestätigt jedoch nur die Kreatürlichkeit Gargamelles – und mithin ihre Unterlegenheit gegenüber Maria – und zitiert mit dem erschlafften Rektum und den »übel riechenden Hautfetzen«, die zunächst für das Kind gehalten werden, eine berühmte christliche Demutsgeste, für die ein Kirchenvater den Satz geprägt hat: »Inter faeces et urinam nascimur«, unter Fäkalien und Urin erblicken wir das Licht der Welt.[15]

Das Utopische im Einspruch des grotesken Körpers gegen sein zivilisiertes Gegenbild zeigt sich auch vor dem Hintergrund der Zivilisationskurve, die immer mehr langsichtige Affektkontrolle fordert und immer weniger spontane Leidenschaft erlaubt. Elias illustriert das am Beispiel des Verkehrs in einer relativ unzivilisierten Gesellschaft von Kriegern früher und in einer relativ zivilisierten Gesellschaft von Bürgern und Bürgerinnen heute. »Man denke«, schreibt er,

»an die holprigen, ungepflasterten, von Regen und Wind verwüstbaren Landstraßen einer einfachen, natural wirtschaftenden Krieger-Gesellschaft. Der Verkehr ist, von wenigen Ausnahmen abgesehen, ganz gering; die Hauptgefahr, die hier der Mensch für den Menschen darstellt, hat die

Form des kriegerischen oder räuberischen Überfalls. Wenn die Menschen um sich blicken, wenn sie mit dem Auge Bäume und Hügel absuchen oder auf der Straße selbst entlang sehen, dann geschieht es in erster Linie, weil sie immer gewärtig sein müssen, mit der Waffe in der Hand angegriffen zu werden, und erst in zweiter oder dritter Linie, weil sie irgend jemandem auszuweichen haben. Das Leben auf den großen Straßen dieser Gesellschaft verlangt eine ständige Bereitschaft zu kämpfen und die Leidenschaften in Verteidigung seines Lebens oder seines Besitzes gegen einen körperlichen Angriff spielen zu lassen. Der Verkehr auf den Hauptstraßen einer großen Stadt in der differenzierteren Gesellschaft unserer Zeit verlangt eine ganz andere Modellierung des psychischen Apparates. Hier ist die Gefahr eines räuberischen oder kriegerischen Überfalls auf ein Minimum beschränkt. Automobile fahren in Eile hierhin und dorthin; Fußgänger und Radfahrer suchen sich durch das Gewühl der Wagen hindurchzuwinden; Schutzleute stehen an den großen Straßenkreuzungen, um es mit mehr oder weniger Glück zu regulieren. Aber diese äußere Regulierung ist von Grund auf darauf abgestimmt, daß jeder Einzelne sein Verhalten entsprechend den Notwendigkeiten dieser Verflechtung aufs genaueste *selbst* reguliert. Die Hauptgefahr, die hier der Mensch für den Menschen bedeutet, entsteht dadurch, daß irgend jemand inmitten dieses Getriebes seine Selbstkontrolle verliert. Eine beständige Selbstüberwachung, eine höchst differenzierte Selbstregelung des Verhaltens ist notwendig, damit der Einzelne sich durch dieses Gewühl hindurchzusteuern vermag. Es genügt, daß die Anspannung, die diese ständige Selbstregulierung erfordert, für einen Einzelnen zu groß wird, um ihn selbst und Andere in Todesgefahr zu bringen.«[16]

Elias' Beispiel zeigt, wie stark das zivilisatorische Körperbild von den Ansprüchen der modernen Gesellschaft geprägt ist. Es lässt aber auch erahnen, wie groß die gesellschaftlichen Auswirkungen durch eine Veränderung des Körperbildes wären. Würden wir vermehrt auf die Expressivität unserer Lüste, die Spontaneität unserer Leidenschaften und den Ausdruck momentaner Affekte setzen, sähe unser Straßenverkehr anders aus – und

2 Der zivilisatorische Hardbody und der groteske Softbody

nicht nur dieser. Unser ganzes Weltverhältnis wäre ein anderes. Denn der groteske Körper ist über seine Löcher, Organe und Säfte mit dem Kreislauf der Natur verbunden. Er ist Teil eines großen, allgemeinen Entstehens und Vergehens, eines umfassenden Werdens, in dem Essen und Ausscheiden, Gebären und Sterben Hand in Hand gehen. Der groteske Körper ist ein Teil des Kosmos. Er setzt sich aus denselben Substanzen zusammen wie die übrige Welt und wird vom selben Prinzip regiert, das auch diese beherrscht, einem universalen Prinzip der Sympathie, das alle Substanzen verbindet.

Mit dieser Sympathie aller Dinge und Lebewesen haben sich Naturforscher von der Antike bis in die frühe Neuzeit den Kosmos erklärt. Sympathie meint Mitleiden.[17] Einem Teil eines Ganzen widerfährt dasselbe wie einem anderen, ohne dass ein direktes Einwirken festgestellt werden könnte. Die Sympathie stiftet Einheit und Zusammenhang – aller Dinge, aber auch von Seele und Körper oder einzelnen Teilen des Körpers selbst. Die Stoiker glaubten, der Kosmos sei ein Körper, der von einem Atem durchweht und in Spannung gehalten werde, sodass alle Teile von anderen abhängen und einander beeinflussen. Die Neuplatoniker nannten diesen Atem Weltseele oder Liebe. Jeder Körper ist dieser Auffassung nach ein Mikrokosmos, in dem sich der Makrokosmos spiegelt und kein individuell getrennter oder vereinzelter Körper, wie wir ihn heute kennen. Alles ist mit allem verbunden, es gibt keine Individuation und streng genommen auch kein Sterben oder Vergehen, sondern nur einen Wechsel der Moleküle von der einen Verbindung in eine andere. Deshalb lassen sich die Körper, die in den zahlreichen Prügelszenen in Rabelais' Roman zu Hackfleisch gemacht werden, auch einfach wieder zusammensetzen.

Mit der modernen Naturwissenschaft ist diese Vorstellung einer zauberhaften Koinzidenz in der Natur zugunsten einer Lehre beseitigt worden, in der individuelle Körper von Kräften bewegt werden. In der Psychologie lebt die Idee der allgemeinen Sympathie aber weiter, als Idee des Mitleidens oder eines Gleichklangs der Herzen, der es uns ermöglicht, uns in die Rolle von anderen hineinzuversetzen – sei es, um ihrem Schicksal Anteil zu nehmen, sei es, um uns selbst mit ihren Augen zu sehen. Diese

Form der Sympathie ist die Grundlage jedes ethischen Verhaltens, das voraussetzt, sich selbst ein Stück weit fremd zu werden. »Ein anderes – als anderes – werden« nennt das der Scholastiker Thomas von Aquin, den Rabelais vielfach zitiert.[18] Diese Selbstverfremdung verlangt von mir, nicht von mir selbst auszugehen, sondern vom anderen und mich zu fragen, was er von mir möchte und warum er das von mir möchte. Welche Ansprüche hat er an mich und worauf gründen sich diese Ansprüche? Inwiefern bin ich verpflichtet – oder geneigt –, diesen Ansprüchen nachzukommen? Insofern diese Ethik nicht von mir ausgeht, sondern von der anderen, auf die sie antwortet, nennt der zeitgenössische Philosoph Bernhard Waldenfels sie responsiv. Die andere, die mich anspricht, nötigt mich, auf das, was sie von mir will, zu antworten, denn auch keine Antwort ist eine Antwort. Das bringt eine steile Asymmetrie in die Beziehungen. Ich kann die Ansprüche der anderen nicht überhören, sondern muss ihnen Gehör schenken – ob ich will oder nicht. Der Philosoph Emmanuel Lévinas betont deshalb die Andersheit des anderen. Er ist mir fremd. Das heißt, er ist nicht bloß von mir verschieden, sondern mir unverfügbar und ich muss mich dieser Unverfügbarkeit ausliefern. Ich sage Ja zum anderen, noch bevor ich zu dem, was er von mir will, Ja oder Nein sage. Das »Ja der originären Einwilligung reicht tiefer als das Ja oder Nein einer Willenssetzung.«[19] In der Sympathie zwischen Menschen drückt sich eine Uraffirmation aus und in dieser Uraffirmation spiegeln sich die Koinzidenz und Allverbundenheit der Dinge in der Natur. In einem nachgelassenen Fragment über den *Ursprung der Moral-Werthe* (1888) schreibt Friedrich Nietzsche: »In allen Correlationen von Ja und Nein, von Vorziehen und Abweisen, Lieben und Hassen drückt sich nur eine Perspektive, ein Interesse bestimmter Typen des Lebens aus: an sich redet Alles, was ist, das Ja.«

Der groteske Körper ist also nicht nur das Bild einer antiken Ontologie und einer Revolte der Triebe – das donnernde Gelächter des zyklopischen Anus über den gepanzerten Körper der Zivilisation –, sondern auch das Bild einer sozialen Ontologie, die das Zusammenleben der Menschen in einer grundlegenden Sympathie füreinander und einem grundsätzlichen Ja zueinander begründet.

Körper gegen Körper, Hobbes & Co.

Auch im zivilisatorischen Fassadenkörper, gegen den der groteske Körper opponiert, drücken sich eine bestimmte natürliche und soziale Ontologie aus, allerdings andere als im grotesken Körper. Die natürliche Ontologie, die sich in ihm ausdrückt, ist die Mechanik des 16. und 17. Jahrhunderts. Die soziale Ontologie ist die des beginnenden Kapitalismus. Die natürliche Ontologie ist mit den physikalischen Erkenntnissen von Nikolaus Kopernikus *Über die Umlaufbahnen der Himmelssphären* (1543) verbunden, mit den anschließenden Untersuchungen von Johannes Kepler und Galileo Galilei und vor allem der *Mechanik* Newtons (1686). Sie gehen von individuellen und, wie es bei Newton heißt, *undurchdringlichen* Körpern aus, die sich aufgrund eigener Kraft bewegen und dabei aufeinander einwirken. Die drei Newton'schen Gesetze lauten: »Ein Körper verharrt im Zustand der Ruhe oder der gleichförmig geradlinigen Bewegung, sofern jener nicht durch einwirkende Kräfte zur Änderung seines Zustands gezwungen wird.« »Die Änderung der Bewegung ist der Einwirkung der bewegenden Kraft proportional und geschieht nach der Richtung derjenigen geraden Linie, nach welcher jene Kraft wirkt.« Und: »Kräfte treten immer paarweise auf. Übt ein Körper A auf einen anderen Körper B eine Kraft aus (*actio*), so wirkt eine gleich große, aber entgegengerichtete Kraft von Körper B auf Körper A (*reactio*).«

Die soziale Ontologie, die daran anschließt, entwickelt sich in den Gesellschafts- und Wirtschaftstheorien von Autoren wie Thomas Hobbes, Adam Smith oder Bernard Mandeville, die eifrige Leser und Bewunderer der neuen Physik waren.[20] Für Hobbes ist Galilei das Genie des Jahrhunderts. In seinen Abhandlungen *Vom Menschen* und *Vom Bürger* (ab 1642) zitiert er Galileis Grundsätze, zum Beispiel denjenigen, den Newton als erstes Gesetz übernimmt. Seine anthropologischen Überlegungen, die er seiner politischen Theorie voranstellt, kreisen um das Motiv eines Körpers oder Teilchens in Bewegung: *matter in motion*. Körper sind in Raum und Zeit bewegte Materie und Leben ist Bewegung. Stillstand ist der Tod. Hobbes versteht die menschlichen Körper analog zu den physikalischen

Körpern Newtons oder Galileis und versucht, die Kräfte, die sie bewegen, zu bestimmen. Dazu zählt er das Streben danach, sich selbst zu erhalten und Lust zu gewinnen, Macht zu erlangen oder die eigene Ruhmsucht zu befriedigen. Wir würden heute vom Eigeninteresse des Menschen sprechen, das dieser zu maximieren versucht. Für Hobbes ist das Vorliegen dieses Eigeninteresses ein Naturgesetz wie die Gravitation. So schreibt er: »Denn jeder verlangt das, was gut, und flieht das, was übel für ihn ist; vor allem aber flieht er das größte natürliche Übel, den Tod; und zwar infolge einer natürlichen Notwendigkeit, nicht geringer als die, durch welche ein Stein zur Erde fällt.«[21]

Ganz ähnlich Adam Smith. Er schreibt eine *Geschichte der Astronomie* (1795) und lobt darin Newtons Arbeit als Musterbeispiel für Wissenschaftlichkeit. Newtons Physik, so Smith, zeichnet sich dadurch aus, dass sie die Vielfalt der Phänomene nicht mehr als eine Vielfalt der Welt deutet, wie dies das aristotelische Weltbild getan hat, das noch bis ins Mittelalter gültig war, sondern die zentralen Kategorien und kausalen Gesetze aufzeigt, die in dieser Vielfalt wirken.[22] Smith überträgt Newtons Methode auf seine Wirtschafts- und Gesellschaftstheorie. In seiner *Theorie der moralischen Gefühle* (1759) schreibt er mit deutlichem Anklang an die Himmelsmechanik: »Die menschliche Gesellschaft erscheint, wenn wir sie in einem gewissen abstrakten und philosophischen Lichte betrachten, wie eine große, ungeheure Maschine, deren regelmäßige und harmonische Bewegungen tausende angenehme Wirkungen hervorbringen.«[23] Im Versuch, die grundlegenden Kräfte und natürlichen Gesetze dieser Maschine zu erkunden, formuliert er in seinem Buch *Über den Wohlstand der Nationen* (1776) eine Werttheorie, die in seiner Beschreibung des menschlichen Handelns ähnlich zentral ist wie die Gravitation für Newton – und für Smith ein ökonomisches Äquivalent dazu bildet. Bernard Mandeville erläutert in seiner *Bienenfabel* (1714/erweitert 1723), wie die unsichtbare Hand des Marktes private Gier zum allgemeinen Wohlstand wirken lässt, und verspricht damit eine ähnliche Ordnung in das verwirrende Spiel der Einzelinteressen zu bringen, wie sie die Entdeckung der Gravitation in die Himmelsbahnen gebracht hatte.

2 Der zivilisatorische Hardbody und der groteske Softbody

Die Autoren denken nicht nur das Zusammenleben der Menschen nach Grundsätzen, die der Mechanik eng verwandt sind, sie haben auch eine ähnliche Vorstellung von den Körpern, die an den Prozessen beteiligt sind. Hobbes fasst den Menschen als einen festen, undurchdringlichen, physikalischen Körper auf und definiert seine Freiheit in der Sprache der Mechanik. In seinem Buch *Leviathan oder Stoff, Form und Gewalt eines kirchlichen und staatlichen Gemeinwesens* (1651) schreibt er:

> »*Freiheit* bedeutet genau genommen das Fehlen von Widerstand, wobei ich unter Widerstand äußere Bewegungshindernisse verstehe. Dieser Begriff kann ebenso gut auf vernunft- und leblose Dinge wie auf vernünftige Geschöpfe angewandt werden. Denn alles, was in der Weise angebunden oder eingeschlossen ist, daß es sich nur innerhalb eines gewissen Raumes bewegen kann, der durch den Widerstand eines äußeren Körpers bestimmt wird, hat, wie wir sagen, keine Bewegungsfreiheit. […] Und nach dieser genauen und allgemein anerkannten Bedeutung des Wortes ist ein *Freier, wer nicht daran gehindert ist, Dinge, die er aufgrund seiner Stärke und seines Verstands tun kann, seinem Willen entsprechend auszuführen.*«[24]

Anders als die Freiheit des Leibes, die vom anderen ausgeht und auf ihn antwortet, beginnt die Freiheit des Hardbodys bei sich selbst. Sie ist nicht responsiv, sondern spontan. Der andere ist für diesen Körper nur ein Hindernis, das der Verwirklichung der eigenen Interessen entgegensteht und mit aller Kraft aus dem Weg geräumt werden muss. In einem zweiten Schritt benutzt Hobbes seine vermeintlich naturwissenschaftliche Beschreibung der Körper, um die Rücksichtslosigkeit der Menschen zu legitimieren. Aus der natürlichen Überlegenheit des stärkeren Körpers gegenüber dem schwächeren folgt das moralische Recht der Stärke. Physikalische Kraft legitimiert moralische Freiheit. Hobbes fährt im Anschluss an den oben zitierten Vergleich von Eigeninteresse und Gravitation fort:

»Es ist daher [also daher, dass das Eigeninteresse ein Naturgesetz wie die Gravitation ist, B.V.] weder absurd noch tadelnswert noch gegen die rechte Vernunft, wenn der Mensch sich alle Mühe gibt, seine Glieder zu schützen und gesund zu erhalten, seinen Körper vor Tod und Schmerzen zu bewahren. Was aber nicht gegen die rechte Vernunft geht, nennt jedermann richtig und mit Recht gehandelt. Durch das Wort Recht ist nichts anderes bezeichnet als die Freiheit, die jeder hat, seine natürlichen Vermögen gemäß der rechten Vernunft zu gebrauchen.«[25]

Hobbes entwirft den Homo oeconomicus nach dem Vorbild der Mechanik und gibt ihm einen entsprechenden Körper: den festen und undurchdringlichen Körper mechanischer Gegenstände. Diese Reduktion der menschlichen Beziehungen auf die Mechanik fester Körper prägt seine gesamte Sozialtheorie. Er stellt sich »die Beziehung zwischen Menschen«, um ein Bild von Norbert Elias zu gebrauchen, »wie eine Beziehung zwischen Billardkugeln [vor]: Sie stoßen zusammen und rollen wieder voneinander fort. Sie üben, so sagt man, eine ›Wechselwirkung‹ aufeinander aus.«[26] Dabei setzt sich der Stärkere durch. Das ist ganz natürlich und – weil es natürlich ist – (für Hobbes) auch in Ordnung so.

Die von Hobbes entwickelten Grundsätze prägen gewichtige Teile des ökonomischen und gesellschaftlichen Denkens bis heute. Freiheit ist diesem Denken zufolge die Fähigkeit, sich nach Maßgabe der eigenen Kraft bewegen zu können. Und wer das tut, wer also alles tut, was in seinem persönlichen Interesse ist und wozu er die Kraft hat, ist im Recht. Ein solcher Mensch braucht keine Rücksicht auf andere zu nehmen, denn Freiheit ist das Recht des Stärkeren. Die moderne kapitalistische Gesellschaftstheorie knüpft daran an und behauptet, eine Gesellschaft sei gerecht, die jedem Mitglied diese Freiheit nach Maßgabe der eigenen Kraft zugesteht, anstatt es mit Forderungen nach Rücksicht und Solidarität einzuschränken. Milton Friedman, einer der einflussreichsten Ökonomen aus der neoklassischen Chicagoer Schule, schreibt in *Kapitalismus und Freiheit* (1962): »Das Fundament der liberalen Philosophie ist der Glaube an die Würde des Einzelnen, an seine Freiheit zur Verwirklichung seiner

Möglichkeiten in Übereinstimmung mit seinen persönlichen Fähigkeiten mit der einzigen Einschränkung, dass er nicht die Freiheit anderer Personen beschränke, das Gleiche zu tun.«[27] Die Entwicklung der liberal-kapitalistischen Vorstellung von Gesellschaft ist also eng mit der Mechanik des 17. Jahrhunderts und ihrem Körperbild verbunden. Das gilt nicht nur für die Entstehung des Homo oeconomicus, sondern auch für die zentrale Kategorie des Werts oder die Institution des Marktes, wie die Überlegungen von Smith oder Mandeville zeigen. Stahlharte Kugeln setzen sich nach Maßgabe ihrer individuellen Kraft gegeneinander durch. Ihre Kräfte lassen sich jedoch messen und ihre Bahnen lassen sich durch bestimmte Institutionen in eine ähnliche Harmonie versetzen, wie es die unsichtbare Hand Gottes mit den Bahnen der Planeten tut. Der Körper als harte Kugel: Was zunächst noch ökonomische Theorie ist, wird unter dem wachsenden Einfluss des Kapitalismus und einer bürgerlichen Gesellschaft zur physischen Realität. Der zivilisatorische Hardbody entwickelt sich zum stahlharten Gehäuse des Kapitalismus.

Kapitel 3
Bürgerliche Körper: Das stahlharte Gehäuse des Kapitalismus

Wie wird der Mensch zur harten Kugel? Durch Arbeit, sagt der Soziologe Max Weber an der Wende zum 20. Jahrhundert. Genauer gesagt: durch die Sorgfalt, den Fleiß und die Beharrlichkeit bei der exakten, pünktlichen und zuverlässigen Ausführung systematischer Arbeiten. Die Engländer nennen das *industry*.[1] Sie spannt das individuelle Leben in ein Netz aus Zweckbeziehungen und nötigt den Menschen, praktisch, ökonomisch und zielgerichtet zu handeln. Die bürgerliche, vom industriekapitalistischen Geist geprägte Gesellschaft, verlangt ihren Mitgliedern ein hohes Maß an Selbstdisziplin und Pflichterfüllung ab. Bürger sind buchstäblich Berufsmenschen, sagt Weber: Sie sind zur Arbeit berufen oder verpflichtet. Diese Verpflichtung prägt ihren gesamten Lebensstil, denn sie werden in eine Welt hineingeboren, in der eine »an die technischen und ökonomischen Voraussetzungen mechanisch-maschineller Produktion gebundene[.] Wirtschaftsordnung […] den Lebensstil aller einzelnen, die in dies Triebwerk hineingeboren werden – nicht nur der direkt ökonomisch Erwerbstätigen –, mit überwältigendem Zwange bestimmt.«[2] Das ist das »stahlharte Gehäuse« des Kapitalismus, in das die Bürgerinnen und Bürger eingesperrt sind und in dem sie leben müssen.[3] Dieses Leben verlangt von ihnen eine asketische Lebensführung. Sie werden dazu gezwungen, ihr Verhalten zu rationalisieren, ihre Affekte zu kontrollieren und sich ganz seinen Pflichten zu unterwerfen, allen voran der zur Arbeit und unermüdlichen Tätigkeit.

Das Vorbild für diese Askese liegt für Weber im Ethos protestantischer Sekten wie den Calvinisten oder Puritanern, die sich in der Verlegenheit sahen, nicht wissen zu können, ob Gottes Gnade auf ihnen ruhe oder nicht, und mithin auf die Idee kamen, ihren ökonomischen Erfolg als Maßstab der Gottgefälligkeit ihres Lebens zu nehmen, weil sie davon ausgingen, dass die Verhaltensweisen, die ihnen ihr Glaube vorschreibt, und die Verhaltensweisen, die zum ökonomischen Erfolg führen, dieselben sind. So entstand der kapitalistische Geist aus der protestantischen Ethik. Weber gibt seiner Untersuchung deshalb den Titel: *Die protestantische Ethik und der Geist des Kapitalismus* (1904/1905).

Webers historische Herleitung ist vielfach angezweifelt worden. Der Ökonom Werner Sombart, dem Weber freundschaftlich verbunden war, bemerkte etwa, dass die Geschichte auch genau umgekehrt hätte laufen können und der Aufstieg des modernen Handelsgeistes keine Folge des Protestantismus sei, sondern der Aufstieg des Protestantismus eine Folge des sich ausbreitenden kapitalistischen Geistes, für den es auch andere Quellen gab, wie beispielsweise die Verbreitung des Luxus (Sombarts Favorit) oder technische Innovationen, den demografischen Wandel, Aufklärung und Rationalisierung.[4] Es könnte also sein, wie Webers Biograf Jürgen Kaube bemerkt, dass nicht Protestanten Kaufleute geworden sind, sondern Kaufleute Protestanten, weil der Geist des Protestantismus und der Geist des Kapitalismus gut zusammenpassen, insofern sie eine ähnliche Lebensführung fordern: die asketische Praxis. Der Unterschied ist bloß, dass sich ihr der Gläubige freiwillig unterwirft, der Bürger indes zur Askese gezwungen ist.[5] »Der Puritaner«, so Weber, »wollte Berufsmensch sein, – wir müssen es sein.«[6] Diese Parallele in der asketischen Lebensführung ist für das Körperbild im Industriekapitalismus entscheidend – wie sie zustande kam, dagegen sekundär.

Der Berufsmensch ist ein strenger Kostenrechner. Die Arbeit hat ihn hart gemacht, das Sparen duldsam. Er kennt keine Freude. Seine Woche hat keinen Sonntag. Selbst die Luft, die er atmet, ist »harte und klare Luft«.[7] Berufsmenschen sind »nüchtern und stetig, scharf und völlig der Sache hingegebene Männer, mit streng bürgerlichen Anschauungen und ›Grundsätzen‹«.[8]

Spitze Bleistifte

Mit der asketischen Lebensführung der Berufsmenschen ist ein bestimmtes Körperbild verbunden, denn die asketische Praxis ist eine Körperpraxis. Sie verlangt eine rigide Zurichtung des Körpers auf die Zwecke des Berufs, eine strenge Kontrolle der Affekte und Beherrschung der Leidenschaften. Die Askese spaltet den Leib auf, in einen Geist und einen Willen auf der einen Seite und einen Körper als Instrument dieses Willens auf der anderen Seite: Res cogitans und Res extensa, wie der Philosoph René Descartes sagt: geistige und ausgedehnte Substanz. Der Geist beherrscht den Körper, unterwirft ihn seinem Willen, triumphiert über ihn und seine Leidenschaften. Die protestantischen Sektierer, die sich Weber für den Bürger zum Vorbild nimmt, haben versucht, sich alles Weiche und Lustvolle auszutreiben und ihre Körper so hart zu machen wie ihr Wesen. Sie wollen wie ein spitzer Bleistift sein. Der zivilisatorische Verschluss des Körpers und die Bändigung seines Innenlebens finden in der kapitalistischen Ethik eine rigide Steigerung. Allerdings schließt sich der Körper nicht so umstandslos um das Triebleben der Menschen, wie Elias das im *Prozess der Zivilisation* angedeutet hat, sondern dieser Körper droht mit seinen Organen und Säften, seinen Leidenschaften und Lüsten permanent, den Panzer zu sprengen. Kaum dass ein Riegel der Rüstung geschlossen wurde, quillt an anderer Stelle lüsternes Fleisch hervor. Deshalb bedarf es der andauernden Arbeit am eigenen Körper, nicht im Sinne des heutigen Körperkultes und der Fitness, sondern im Sinne der Abhärtung oder Abtötung des Fleisches. Die protestantische Askese kennt eine ganze Reihe von Mitteln gegen die Erweichung des Körpers und die Anfechtungen der Leidenschaften, zum Beispiel »nüchterne Diät, Pflanzenkost und kalte Bäder«. Vor allem aber gilt: »Arbeite hart in deinem Beruf«.[9]

Die ständigen Ermahnungen, nicht nachzulassen, weich oder stumpf zu werden, sondern den Bleistift spitz zu halten, zeigen, dass der Bürger mit seinem Körper im Clinch liegt. Die Ansprüche, die er an seinen Körper hat, harmonieren nicht mit denen, die sein Körper an ihn hat und je weiter die Verbürgerlichung voranschreitet, desto größer wird dieser

Konflikt. Sigmund Freud, Mediziner und Begründer der Psychoanalyse, hat die Ausgestaltung dieses Konflikts als Kulturprozess beschrieben, bei dem durch eine veränderte Beziehung zum Körper bestimmte seelische Inhalte zugunsten anderer verdrängt werden und in dieser Verdrängung die »Quelle der Moral« – wir könnten auch sagen: des bürgerlichen Ethos – ausgemacht. Der Anfang dieser Verdrängung liegt für Freud in der Entwicklung des aufrechten Ganges. Denn dieser »durchbricht den ›tierischen‹ Regelkreis von Geruch, Exkretion und Sexualität und verwandelt selbst die Erinnerung an die ehemals libidinöse Kopplung von Nase, Gesicht, Geschlecht und Anus in eine ›Binnensensation‹, ›die analog ist dem Ekel‹.«[10] Der Kulturprozesses beginnt mit einer körperlichen Veränderung. Der Mensch richtet sich auf, bringt die Nase in eine größere Entfernung zum Anus und den Geschlechtsorganen. Er hört auf, von exkrementellen Gerüchen sexuell erregt zu werden und beginnt, sich davor zu ekeln. Dieser Ekel betrifft mit den Körperregionen und ihren Ausflüssen auch die Sexualität, die damit verbunden war. Indem bestimmte Bereiche des Körpers aufhören, sexuell attraktiv zu sein, zum Beispiel die »Afterregion und Mund-Rachen-Gegend«, wird auch ein Teil der Sexualität verdrängt. Dieser sinkt hinab in einen dunklen Kontinent von Lüsten, kehrt von dort jedoch als Perversion zurück. Denn »die fundamentalen Vorgänge, welche die Liebeserregung liefern, bleiben ungeändert«, meint Freud. »Das Exkrementelle ist allzu innig und untrennbar mit dem Sexuellen verwachsen, die Lage der Genitalien – inter urinas et faeces – bleibt das bestimmende, unveränderliche Moment. Man könnte hier, ein Wort des großen Napoleon variierend, sagen: die Anatomie ist das Schicksal.«[11]

Der Kulturprozess besteht laut Freud darin, gegen das anatomische Schicksal des Menschen anzukämpfen, indem bestimmte Körperregionen verekelt werden. Dieser Vorgang unterwirft die Körper einem ganz ähnlichen Prozess der Verhärtung und des Verschlusses, der Trockenlegung und der Glättung, wie es die Klassiker getan hatten. Er tut dies aber nicht aus rein ästhetischem Interesse, sondern aus Notwendigkeiten heraus, die sich mit der Kultivierung der Menschen ergeben, und er richtet seinen Eifer nicht auf künstliche Körper, die nur gleichsam Körper sind, Körper-als-ob, sondern auf reale Körper. Indes, auch für den Kulturprozess ist das, was dem Körper ausgetrieben werden soll, das Ekelhafte. Nur wird das Ekelhafte eben nicht mehr nur ästhetisch verstanden als das, was nicht schön ist, sondern es wird moralisch-psychologisch verstanden als das, was nicht sein soll. Gerade deshalb ist der Kulturprozess aber auch nicht halb so erfolgreich wie die klassische Ästhetik, denn während diese die Körper erfolgreich entleeren und zu einer schönen Vase des Geistes machen konnte, sieht sich der Kulturprozess mit der stetigen Wiederkehr dessen konfrontiert, was er verekelt und verdrängt hatte.

Der Duft der Frauen

Kultur, so Freud, ist ein Ekelhaft-, Abscheulich- und Verwerflichmachen.[12] Sie verwandelt positive Affekte für bestimmte Teile des Körpers und ihre Ausflüsse in negative. Das gilt nicht nur für den Anus, Penis und die Vulva, für Kot und Urin, sondern zum Beispiel auch für Menstruationsblut. In seinem Buch über *Das Unbehagen in der Kultur* (1930) erklärt Freud das Ekelhaftwerden des Menstruationsblutes so: Der Mensch hat schon »in seiner affenähnlichen Vorzeit [...] die Gewohnheit angenommen, Familien zu bilden«, weil »das Bedürfnis genitaler Befriedigung nicht mehr wie ein Gast auftrat, der plötzlich bei einem erscheint und nach seiner Abreise lange nichts mehr von sich hören läßt, sondern sich als Dauermieter beim Einzelnen niederließ. Damit bekam das Männchen ein Motiv, das Weib oder allgemeiner: die Sexualobjekte bei sich zu behalten; die Weibchen, die sich von ihren hilflosen Jungen nicht trennen wollten, mußten auch in deren Interesse beim stärkeren Männchen bleiben.«

Männchen und Weibchen beginnen also, dauerhaft zusammenzuleben. Solange sie dabei wie die Affen auf allen Vieren laufen, sind ihre Geschlechtsteile verdeckt. Sie sehen sie nicht. Während der Regelblutung verströmt das Weibchen jedoch einen starken Geruch, der das Männchen auf ihr Geschlechtsorgan aufmerksam macht und es sexuell erregt. Geruchsreiz und Sexualreiz werden innig miteinander verknüpft. Das ändert sich jedoch mit dem aufrechten Gang. Nasen und Geschlechtsorgane geraten in eine größere Entfernung zueinander. Das Männchen riecht das Weibchen nicht mehr so stark. Dafür werden die Geschlechtsteile sichtbar. Das Männchen hört infolgedessen auf, vom Geruch der Geschlechtsorgane erregt zu werden. Stattdessen reizt ihn nun ihr Anblick – und das viel stärker, als es zuvor der Geruch getan hatte, denn während der Menstruationsgeruch nur periodisch auftritt, können die »Gesichtserregungen [...] eine permanente Wirkung unterhalten«. Der Geruchsreiz wird verdrängt und beginnt eklig zu werden. »Die organische Periodizität des Sexualvorgangs«, schreibt Freud, »ist zwar erhalten geblieben, aber ihr Einfluß auf die psychische Sexualerregung hat sich eher ins Gegenteil verkehrt. [...] Das Tabu der Menstruation entstammt dieser *organischen Verdrängung* als Abwehr einer überwundenen Entwicklungsphase.«

Die mit der Sichtbarkeit der Geschlechtsorgane eintretende sexuelle Dauererregung widerspricht jedoch den wachsenden Ansprüchen des Kulturprozesses an die Triebkontrolle des Menschen. Deshalb werden schließlich auch die Sexualorgane verdeckt und ihre Sichtbarkeit wird mit Scham besetzt.[13]

Der Kulturprozess nimm eine Dreiteilung vor. Er unterwirft den Körper dem Geist und er unterteilt den Körper in zwei Teile, einen öffentlichen und sichtbaren und einen privaten und unsichtbaren. Der sichtbare ist fest und seine Öffnungen sind verschlossen. Sie sondern keine Körperflüssigkeiten oder Exkremente ab. Der Körper ist trocken und beherrscht. Seine Affekte sind so stark kontrolliert, dass sie sogar umgepolt werden können. Was lustbesetzt war, kann tabuisiert werden. Sofern das gelingt, entspricht der Körper den Ansprüchen, die der Bürger an ihn hat. Er steht seiner rationalen, funktional differenzierten und langsichtig kalkulierenden Lebensweise nicht nur nicht im Wege, sondern dient ihr auch. Er ermöglicht und unterstützt sie wie ein spitzer Bleistift die doppelte Buchführung. Schließlich kann die Umcodierung von Affekten sogar dazu führen, dass libidinöse Energien von einem unerwünschten Bereich und auf einen erwünschten wechseln. So glaubt Freud zum Beispiel, dass die in der bürgerlichen Gesellschaft tabuisierte Lust am Kot in eine Lust an »Ordentlichkeit, Sparsamkeit und Eigensinn« verwandelt worden sei, wie er in *Charakter und Analerotik* (1908) schreibt, und dass sich das Defäkationsinteresse in der Anhäufung von Geld fortsetze. So gesehen offenbare sich im Erfolg eines Kaufmanns nicht, dass Gottes Gnade auf ihm ruhe, wie die Protestanten denken, sondern sein analer Charakter. Die Ursache für diesen Erfolg wäre in beiden Fällen jedoch die gleiche: eine Bearbeitung des Körpers und seiner Leidenschaften im Geist des Kapitalismus.

Dagegen protestiert jedoch der andere, unsichtbare Teil des Körpers. Denn wenngleich bestimmte Körperregionen verekelt und bestimmte Leidenschaften damit verdrängt werden, hören sie nicht auf, zu existieren. Sie leben in einem unterschwelligen psychischen Bereich fort, den Freud das Unbewusste nennt. Und »im Unbewußten ist nichts zu Ende zu bringen, ist nichts vergangen oder vergessen.«[14] Es drängt vielmehr mit Macht an die Oberfläche zurück und bedrängt den Bürger, der so in einen stetigen Kampf mit seinem Körper entzweit ist. Daher das Unbehagen in der Kultur. Wir können es auch als Leiden an einer Entfernung vom Leib beschreiben, den der Kulturprozess in Geist und Körper aufgespalten hat. Das zeigt zum Beispiel das Aufbegehren der Triebe, die leibliche Phänomene sind, insofern Freud sie definiert als »Grenzbegriff zwischen Seelischem und Somatischem, als psychischer Repräsentant der aus dem Körperinnern stammenden, in die Seele gelangende Reize, als ein Maß der Arbeitsanforderung, die dem Seelischen infolge seines Zusammenhanges mit dem Körperlichen auferlegt ist«.[15] Triebe unterlaufen den Dualismus von Geist und Körper. In dem Haus, in dem das Ich nicht Herr werden kann, sind sie die Gespenster.[16] Das Unbehagen in der Kultur gleicht der unheimlichen Stimmung in einem Haus, in dem es spukt.[17] Dieses Haus ist der Leib.[18]

Max Weber, die vertrocknete Nuss

Wie verbreitet diese Leiden sind, die aus der Aufspaltung und Verhärtung der Körper im Kulturprozess resultieren, lässt sich an den vielen Millionen Krankenakten ablesen, die seither über Menschen mit entsprechenden Beschwerden angelegt worden sind. Ein besonders prägnanter Fall ist dabei auch Max Weber, der sich selbst als ein »Mitglied der bürgerlichen Klassen«, also als idealtypischen Bürger bezeichnet hat. Er bietet in seiner Lebensführung reichhaltige Anschauung für seine These, der moderne Bürger sei ein Sohn harter protestantischer Askese, und er bricht unter dieser Askese zusammen und wird ein Fall für die Psychiatrie. Zuvor aber bleibt Weber ein unermüdlicher Arbeiter. »In den zehn Jahren von 1889 bis 1899«, so sein Biograf Kaube, publiziert er »viertausend Druckseiten zur Rechtsgeschichte, Landarbeiterfrage, Börse und dem antiken Agrarwesen.« Er schreibt außerdem »fünf Bände Vorlesungen, von denen die drei bis zum heutigen Tage publizierten Bände gut eintausendfünfhundert Seiten umfassen«. Er hält in der Woche »[z]irka 19 Stunden Kolleg und Vorlesungen«, wie seine Frau Marianne vermerkt und nimmt juristische Staatsprüfungen mit ab.[19] Dabei trinkt er wie ein Loch. Nicht nur abends und auf Feiern, wo er sich als König der Trinkspiele beweist, sondern oft auch schon mittags. Drei bis viermal die Woche wird Frühschoppen gemacht. Er sei unter Sprit wie ein Anatomiepräparat, schreibt seine Frau an ihre Schwester.[20] Der Alkohol beruhigt seine Nerven und zehrt das von seinem Innenleben auf, was die Arbeit noch übrig gelassen hat. Der Idealtyp dieses Körperbildes ist die vertrocknete Nuss: harte Schale, ausgezehrter Kern. Dabei geht es Weber nicht nur um seine Produktivität, die könnte noch besser sein, wenn er weniger tränke und mehr schliefe, sondern auch um »moralische Selbstüberwindung« – ein Askesestolz, wie er ihn den Protestanten nachsagt. Dieser Askesestolz führt auch dazu, dass er sich seiner Frau sexuell verweigert. Weber kastriert sich nicht – so, wie es ein puritanischer Dorfschullehrer im Drama *Der Hofmeister* (1774) von Jakob Michael Reinhold Lenz tut, weil er nicht mehr »Brunst leiden« will –, obwohl er dies in Erwägung zieht, aber er versagt sich seiner Frau, um alle Kraft für die Arbeit aufzusparen. Dafür wird er allerdings in den wenigen Stunden, die er schläft, von derart heftigen erotischen Träumen heimgesucht, dass er das eheliche Bett mit sintflutartigen Samenergüssen überschwemmt. »Heute wieder fünf Pollutionen«, berichtet dann seine Frau nach dem morgendlichen Lakenwechsel an ihre Schwiegermutter.[21]

Dieses Leben macht Weber depressiv – oder nervenkrank, wie man damals sagte. Weber versucht jedoch, auch diese Schwächung noch durch Arbeit zu besiegen. Als seine Frau ihn bittet, kürzerzutreten, antwortet er ihr, er wolle nicht riskieren, die dann wohlmöglich »eintretende Nervenruhe […] in Erschlaffung sich verwandeln zu lassen« und sodann nicht mehr arbeiten zu können. Arbeiten ist die oberste Pflicht. Selbstdisziplin und Berufsfleiß sind das Fundament des bürgerlichen Ethos, denn der Begriff Beruf, so Weber in einem geschichtlichen Exkurs, kommt von der Berufung zur Arbeit.[22] Weber kann diese Berufung allerdings nicht durchhalten. 1898 bricht er zusammen. Die Diagnose lautet Neurasthenie, ein Modewort der Zeit, das auf eine ganze Reihe unterschiedlicher Symptome bezogen wurde. Freud sah ihren Ursprung in einer mangelnden Verarbeitung sexueller Energien und meinte, dass sie sich etwa in Angststörungen äußere.[23] Heute wird Neurasthenie oft mit Burn-out oder Depression übersetzt. Weber leidet unter massiven Schlafstörungen und gravierenden Hemmungen. Die Stimme versagt ihm. Es wird ihm unmöglich, vor anderen Menschen zu sprechen, weshalb er seine Lehrtätigkeit aufgeben muss. Schließlich fällt ihm auch das Gehen schwer. Er sitzt oft nur noch da und schaut stundenlang stumpf vor sich hin, wenn er nicht von Migräneanfällen geplagt wird.[24] Die nächsten fünf Jahre verbringt Weber zum großen Teil in Kliniken oder auf Kuren. Dort wird er mit warmem oder kaltem Wasser therapiert, mit Ruhe, Hypnose und Elektroschocks, mit Aufmunterungen zum Geschlechtsverkehr und Antierektionspillen, mit Gymnastik, Tiefenatmung und Massagen, mit Alkoholverbot und Heroin. So undifferenziert oder individuell wie das Krankheitsbild ist auch die Therapie, die sich nicht anders zu helfen weiß, als den Körper und die Nerven des Patienten von allen möglichen Seiten und mit den verschiedensten Stimulanzen anzugehen, um das Verhältnis des

Patienten zu seinem Körper irgendwie wieder ins Lot zu bringen. Denn in der Neurasthenie zeigt sich der Preis, den der Bürger für die Zurichtung seines Körpers mitunter zahlen muss.

Aber auch dann, wenn ihm diese Zurichtung nicht gelingt, sondern die Lust triumphiert, ist er nicht besser dran. Glücklich, sagt Freud, sind nur die Perversen. Ihr Glück ist jedoch beschädigt, weil der Tabubruch, der sie glücklich macht, von dem Gefühl begleitet ist, schwach geworden zu sein und sich mit der Aufgabe der Askese selbst erniedrigt zu haben. »Wer im Liebesleben wirklich frei und damit auch glücklich werden soll«, so Freud *Über die allgemeinste Erniedrigung des Liebeslebens* (1912), muss »sich mit der Vorstellung des Inzests mit Mutter oder Schwester befreundet haben«, das heißt mit dem Tabubruch. Wer sich dabei jedoch »einer ernsthaften Selbstprüfung unterwirft, wird ohne Zweifel in sich finden, daß er den Sexualakt im Grunde doch als etwas Erniedrigendes beurteilt, was nicht nur leiblich befleckt und verunreinigt.«

Das innere Ausland

Wo die Lust im Menschen unterliegt, wird er krank, wo sie obsiegt, erniedrigt er sich selbst. Dieser Konflikt lässt sich nicht lösen, weder durch eine Reform des Sexlebens noch durch Lockerungen der Tabus, denn der Kulturprozess ist selbst das »Schädliche«, meint Freud. Er spaltet den Leib in Geist und Körper und er spaltet diesen Körper in zwei Teile, die sich antagonistisch gegenüberstehen: der Hardbody – das stahlharte Gehäuse und Maschinenteil im Triebwerk des Kapitalismus – und ein weicher Restkörper, ein inneres Ausland, ein feuchter Sumpf der Lüste, die sich den Zwängen der bürgerlichen Lebensweise entziehen und widersetzen. In keinem von beiden ist der Bürger zu Hause, stets fühlt er sich unwohl in seiner Haut. Das stahlharte Gehäuse kann zum Dampfkessel werden, indem die verdrängten Leidenschaften hochkochen und sein Leben zerrütten. Aus dem dunklen Kontinent der Leidenschaften, den der Dichter

Jean Paul das »innere Afrika« nannte, kehrt er erniedrigt und beschämt zurück.[25]

Die Auftrennung in Körper und Geist und die Spaltung des Körpers sind eins. Wie der König, den er politisch beerbt, hat der Bürger zwei Körper, einen natürlichen und einen sozialen.[26] Er trägt beide übereinander – wie Londoner Damen, die zu Webers Zeit wallende Kleider in unzähligen Schichten übereinander trugen, um ihren natürlichen Körper vollständig zu verhüllen.[27] Dieser tritt nur als eine Kleiderpuppe in Erscheinung, die sie modisch ausstaffieren, um ihren sozialen Körper zu inszenieren. Die Kleider, die sie tragen, ermöglichen es ihnen, sich einerseits einem bestimmten Stand oder einer sozialen Gruppe zuzuordnen, und sich andererseits innerhalb dieser Gruppe als Individuum zu unterscheiden, wie Webers Freund Georg Simmel in seiner *Philosophie der Mode* (1905) schreibt.[28] Unter diesen Kleidern, tragen die englischen Damen jedoch Piercings, damit die Kleider an diesen reiben und ihren natürlichen Körper erregen. Diese Reibung wird umso größer, desto mehr Schichten sie tragen. Die Verhüllung und Reizung des natürlichen Körpers bedingen sich gegenseitig.

Der gespaltene Körper im industriellen Kapitalismus spricht zwei Sprachen. Der offizielle Fassadenkörper oder äußere Hardbody spricht durch die Arbeit, die er leistet, aber vor allem durch die Stille, die er beherrscht, also die Unterdrückung von Einsprüchen des inneren Auslands – seinen abgedrängten Anteilen – gegen diese Arbeitsbelastung, und er spricht durch seine Fähigkeit, unauffällig zu sein, eine Kleiderpuppe. Diese Stille zu erzeugen, ist seine eigentliche Leistung, denn die Arbeit des Bürgers findet immer weniger physikalisch und immer stärker virtuell statt, sie arbeitet sich immer weniger an den Widerständen der Natur ab und besteht immer mehr in der Verarbeitung von Zeichen. Der Fassadenkörper ist vor allem ein stummes Zeichen. Deshalb gilt die verbreitete Auffassung, mit dem Kapitalismus werde der Körper zu einem Zeichen für Erfolg und Leistung, zumindest für den Industriekapitalismus nicht, denn hier beweisen sich Erfolg und Leistung gerade in der Unsichtbarkeit oder Stummheit des Körpers. Was sich nicht sehen oder vernehmen lässt, kann aber kein Zeichen sein. Freilich – der unterdrückte Teil des Körpers spricht eine andere Sprache. Er variiert zwischen den leisen Seufzern und Tränen der Freude, die den viktorianischen Damen entweichen und den Blockaden und Krämpfen Webers. Es ist jedoch nicht die Sprache der Askese, die hier laut wird – und sie ist überdies kaum öffentlich vernehmbar, weil sie von der Stille des Hardbodys verdrängt wird.

Rauchen macht die Welt erträglich, Trinken macht die Männer hart: Bourgeoisie und Fitness

Dass gerade die Unauffälligkeit des Körpers für den Bourgeois entscheidend ist, zeigt sich auch am Begriff der Fitness, der nicht auf besondere körperliche Merkmale bezogen wird, sondern allgemein auf die Fähigkeit, die Anforderungen des Berufslebens erfüllen und im ökonomischen Wettbewerb mit anderen bestehen zu können.[29] Dabei wird Fitness zunächst statisch gedacht. Beim Naturforscher Charles Darwin, der den Begriff als einer der ersten gebraucht, um die Fähigkeit eines Lebewesens zu beschreiben, den Kampf »um den Zugang zu förderlichen Lebensbedingungen und knappen Ressourcen« für sich zu entscheiden, ist Fitness nichts, was die einzelnen Lebewesen aktiv herbeiführen, sondern etwas, das sie zufällig besitzen oder eben nicht. Das Lebewesen passt zu den Anforderungen oder nicht, »it fits or not«. Das »Survival of the Fittest« ist ein Glücksspiel.[30] Das verändert sich erst, als liberales und darwinistisches Gedankengut eine Synthese bilden. Wenn es einen Wettbewerb um knappe Ressourcen gibt und jeder Mensch selbst dafür verantwortlich ist, in diesem Wettbewerb zu bestehen, ist es ihm geraten, seine Fitness zu erhöhen.

Fitness wird zum Ziel in einer liberalen, sozialdarwinistischen Gesellschaft. Wer fit ist, ist frei, denn Freiheit ist die Fähigkeit, sich nach Maßgabe der eigenen Kraft bewegen und sich nehmen zu können, was man will (Hobbes). Und eine Gesellschaft ist liberal, wenn sie ihren Mitgliedern das Verfolgen ihrer individuellen Ziele nach Maßgabe ihrer Fitness ermöglicht (Friedman). Für den gewünschten Erfolg im Beruf spielt körperliche Fitness aber nur eine untergeordnete Rolle. Der Bürger muss sich fit und arbeitsfähig halten. Dafür härtet er seinen Körper ab. Er lebt asketisch. Das schließt jedoch nicht nur gesunde Ernährung, kalte Bäder und ein bisschen Gymnastik ein – die langsam populär wird, aber noch lange keine Massenbewegung ist –, sondern auch den Konsum von Alkohol und Nikotin. Trinken und rauchen sind Teil der bürgerlichen Fitness, weil sie den Körper abhärten und die Nerven beruhigen und mithin dafür sorgen, dass der Bürger in die Welt passt und die Welt zu ihm. Rauchen macht die Welt erträglich, Trinken macht die Männer hart. Beides ist nötig, um im stahlharten Gehäuse des Kapitalismus zu bestehen. Wer raucht, so der Philosoph Jean-Paul Sartre, löst die Welt in Rauch auf. Er nimmt den Erscheinungen ihre Gewalt und Heftigkeit, um sie genussvoll in sich einzuatmen. »Rauchen ist eben eine zerstörerisch *aneignende* Reaktion«, schreibt er in *Das Sein und das Nichts* (1943), eine subtile Gewalt gegenüber der Welt, die diese kommod und annehmbar macht. »Der Tabak«, so Sartre weiter, »ist ein Symbol des ›angeeigneten‹ Seins, da er im Rhythmus meines Atems in einer Art ›fortwährender Zerstörung‹ vernichtet wird, da er in mich übergeht und sich seine Verwandlung in mich selbst symbolisch durch die Transformation des konsumierten Festen in Rauch manifestiert. […] Das bedeutet also, daß die Reaktion der zerstörerischen Aneignung des Tabaks symbolisch einer aneignenden Zerstörung der ganzen Welt entsprach. Über den Tabak, den ich rauchte, brannte, rauchte die Welt, löste sich in Dampf auf, um in mich einzugehen.«[31] Der Schriftsteller Robert Musil bemerkt lakonisch: »Ich behandle das Leben als etwas Unangenehmes, über das man mit Rauchen hinwegkommen kann.«[32]

Mit dem Konsum von Alkohol, insbesondere scharfer Getränke wie Schnaps oder Whiskey beweist der Bürger, dass er sich abgehärtet hat und noch im Genuss selbst überwinden kann. Er ist, wie der Philosoph Theodor W. Adorno in seinen *Minima Moralia* (1951) schreibt, ein *Tough Baby*:

> »Archetypisch dafür ist der gut Aussehende, der im Smoking, spät abends, allein in seine Junggesellenwohnung kommt, die indirekte Be-

leuchtung andreht und sich einen Whisky-Soda mischt: das sorgfältig aufgenommene Zischen des Mineralwassers sagt, was der arrogante Mund verschweigt; daß er verachtet, was nicht nach Rauch, Leder und Rasiercrème riecht, zumal die Frauen, und daß diese eben darum ihm zufliegen. Das Ideal menschlicher Beziehungen ist ihm der Club, die Stätte eines auf rücksichtsvoller Rücksichtslosigkeit gegründeten Respekts. Die Freuden solcher Männer, oder vielmehr ihrer Modelle, denen kaum je ein Lebendiger gleicht, denn die Menschen sind immer noch besser als ihre Kultur, haben allesamt etwas von latenter Gewalttat. Dem Anschein nach droht sie den anderen, deren so einer, in seinem Sessel hingeräkelt, längst nicht mehr bedarf. In Wahrheit ist es vergangene Gewalt gegen sich selber. Wenn alle Lust frühere Unlust in sich aufhebt, dann ist hier die Unlust, als Stolz sie zu ertragen, unvermittelt, unverwandelt, stereotyp zur Lust erhoben: anders als beim Wein, läßt jedes Glas Whisky, jedem Zug an der Zigarre der Widerwille noch sich nachfühlen, den es den Organismus gekostet hat, auf so kräftige Reize anzusprechen, und das allein wird als die Lust registriert.«[33]

Trinken ist Askese, man muss es üben und sich die Freude daran anerziehen. Es verlangt Fleiß und Härte gegen sich selbst. Disziplin. Trinken beweist die Herrschaft des Bürgers über seinen Körper, die Fähigkeit, sich selbst Gewalt anzutun und an Widerwärtiges zu gewöhnen. Im erfolgreichen Trinker spiegelt sich nicht nur die Gewalt über sich selbst, sondern auch über andere. Seine Fitness im Wettbewerb um knappe Ressourcen. Er ist nicht erfolgreich, obwohl er trinkt, sondern weil er trinkt, tüchtig trinken kann. Und er raucht, um den Dingen ihre Gewalt zu nehmen und die Oberhand zu behalten, sich in eine Wolke der Behaglichkeit zu hüllen und nicht zu früh zu erschöpfen. »Nicht zu vergessen das Rauchen,« schreibt Thoma Mann in seinem Tagebuch, »dies Behagen meines sonst unbehaglichen Lebens«.[34] Der Fitnessclub des Bürgers ist also weniger das Sportstudio als die Bar.

Kapitel 4
Körperdisziplin und Biopolitik

Mit wachsendem Wohlstand in den Industriegesellschaften droht jedoch der asketische Geist zu erschlaffen. Die Menschen werden dick und krank. Sie verweichlichen, wie die Historikerin Shelly McKenzie mit Blick auf die amerikanische Gesellschaft der 1950er schreibt. Weber hatte diese Diagnose seinen Zeitgenoss:innen schon zwanzig Jahre früher ausgestellt: Sie sind schlaff. Denn so wie das Berufsleben im bürgerlichen Alltag gegenüber den Spitzenleistungen bedeutender Industriekapitäne deutlich abfällt, kann auch die Anspannung des bürgerlichen Hardbodys in einer komfortablen Weichheit versinken, wenn sich der kapitalistische Geist in die Masse verbreitet. Der Bürger folgt den asketischen Anforderungen des Berufslebens nicht mehr aus innerem Antrieb, sondern aus Gewohnheit, und umso verbreiteter der Wohlstand ist – können wir ergänzen –, desto weniger muss er sich dabei anstrengen. Das Leben verliert den Heroismus heiliger Askese und wird profan. Der kapitalistische Geist wird von einer »mechanische[n] Versteinerung« befallen und die Körper werden weich und faul. Sie sind keine spitzen Bleistifte mehr, sondern matschige Früchte. Diese Entwicklung setzt sich bis heute fort und lässt sich auch am wachsenden Anteil übergewichtiger und adipöser Menschen in den Industrienationen ablesen. In Deutschland gelten nach Angaben des statistischen Bundesamtes inzwischen zwei Drittel der Männer, die Hälfte der Frauen und jedes zehnte Kind als übergewichtig, in den USA sind es jedes fünfte Kind und drei von vier Erwachsenen.

Den Menschen in den Wohlstandsgesellschaften der Nachkriegszeit fällt zunächst auf, dass dicke und weiche Körper anfälliger für Krankheiten sind. Der Blutdruck und der Cholesterinspiegel steigen, die Harnstoffwerte auch, die Schlagadern verkalken und das Risiko eines Herzinfarktes oder eines Schlaganfalls steigt. Und all das sieht man dem dicken Körper schon an, er sieht immer ein bisschen krank aus, latent ungesund und unfit, die drohende Arbeitsunfähigkeit auf zwei Beinen. Mehr als sein Tod wird sein ökonomischer Ausfall gefürchtet. Damit rückt der Körper verstärkt in den Mittelpunkt. Er soll kräftig und gesund bleiben – oder wieder werden –, damit die Produktion weiterlaufen kann, und der Konsum natürlich auch. So entstehen eine Fitness- und Gesundheitsindustrie, die den Menschen dabei helfen, gesund zu arbeiten und zu konsumieren. Und es regen sich eine staatliche Gesundheits- und Biopolitik, die unter dem Imperativ der Wertsteigerung auf die Körper der Menschen zugreift, um sie gesund, vital und produktiv zu halten.

Biopolitik gibt es freilich nicht erst seit der Nachkriegszeit. Sie ist zusammen mit dem modernen Massenstaat entstanden, in dem das Leben der Menschen auf dem Spiel steht und mit den Mitteln der Politik geschützt oder preisgegeben werden kann. Die Biopolitik antwortet auf die besondere Gefährdung des Lebens und die besondere Chance der Politik, die aus der Einsicht in die allgemeine Verbundenheit alles Lebens entstehen. Denn das einzelne Leben ist in dieser Situation besonders gefährdet und besonders schutzbedürftig, weil es sich gegen die Risiken nicht selbst schützen kann. Das vermag aber die Politik. Sie kann das Leben nicht nur schützen, sondern auch pflegen und fördern. Sie kann es wachsen lassen. Dazu ist sie nicht nur insofern verpflichtet, als der einzelne dies nicht kann, es liegt auch in ihrem Interesse, weil die Prosperität des modernen Staates vom Prosperieren des Lebens abhängt. Das unterscheidet moderne Staaten von vormodernen. »Jahrtausende hindurch«, schreibt der Soziologe Michel Foucault, der den Begriff der Biopolitik geprägt hat, »ist der Mensch das geblieben, was er für Aristoteles war: ein lebendes Tier, das auch einer politischen Existenz fähig ist. Der moderne Mensch ist ein Tier, in dessen Politik sein Leben als Lebewesen auf dem Spiel steht.«[1] Biopolitik ist eine politische Ökonomie des Lebens. Es geht ihr »um die Existenz der Gattung selber«.[2] Damit unterscheidet sie sich von früheren Herrschaftsweisen, die keine Macht über das Leben ausübten, sondern Macht über den Tod. Während die ältere Technik die Leistungen des Lebens nur abschöpfen wollte, tendiert diese Abschöpfung in der neuen, biopolitischen Macht «dazu, nicht mehr ihre Hauptform zu sein, sondern nur noch ein Element unter anderen Elementen, die an der Anreizung, Verstärkung, Kontrolle, Überwachung, Steigerung und Organisation der unterworfenen Kräfte arbeiten: diese Macht [der Biopolitik] ist dazu bestimmt, Kräfte hervorzubringen, wachsen zu lassen und zu ordnen, anstatt sie zu hemmen, zu beugen oder zu vernichten.«[3] Mithin ist Biopolitik weder ein exklusives Merkmal von Staaten mit kapitalistischer Wirtschaftsordnung – da auch in sozialistischen, faschistischen, stalinistischen oder monarchischen Staaten anzutreffen – noch ausschließlich eine Handlungsweise des Gesundheitswesens. Sie kommt vielmehr überall zur Anwendung, wo es Institutionen und Techniken gibt, die auf das Leben der Individuen einwirken, indem sie ihre Körper kontrollieren bzw. ihnen einen bestimmten Umgang mit ihren Körpern abverlangen. Und das ist nicht nur im Gesundheitswesen so, sondern auch beim Militär, in der Schule oder der Fabrik. Das Gesundheitswesen spielt jedoch eine besondere Rolle, insofern sich spezifische Formen der Biopolitik nach den Krankheiten bestimmen lassen, die sie hauptsächlich bekämpfen, und sich in den dabei verfolgten Strategien unterschiedliche Weisen zeigen, die Körper zu kontrollieren.

Diese Modelle lassen sich auch in eine historische Abfolge bringen. So unterscheidet Foucault zum Beispiel das Lepramodell mittelalterlicher Staaten, die die Kranken ausschließen und ihrem Schicksal überlassen, vom Pestmodell frühneuzeitlicher Staaten, die die Menschen einem strengen Disziplinarregime unterwerfen, sowie dem Pockenmodell oder der Impfkampagne, mit der moderne Staaten ihre Gesundheitspolitik in Kooperation mit den Bürgerinnen verfolgen. Wobei sich diese Modelle auch überlagern können, wie die Maßnahmen verschiedener Staaten zur Bekämpfung der Coronapandemie zeigen. Es gibt nicht nur Impfkampagnen, sondern auch Ausgehverbote, Sperrstunden und Quarantänen, Hygieneregeln, (verpflichtende) regelmäßige Tests, Kontaktbeschränkungen und -nachverfolgung, Abstandsregeln, die Pflicht, eine Maske zu tragen, Krankenakten und Statistiken. Das hat einige Kommentatoren dazu verleitet, eine Parallele zwischen ihnen und der despotischen Biopolitik nach dem Pestmodell zu ziehen, das Foucault in seinem Buch *Überwachen und Strafen. Die Geburt des Gefängnisses* (1975) beschreibt. Der Blick auf eine von Foucault zitierte Verordnung zeigt jedoch, dass die Despotie des Pestregimes viel strenger ist als die der Coronamaßnahmen, zumindest in den westlichen, liberalen Staaten. Foucault schreibt:

> »Nach einem Reglement vom Ende des 17. Jahrhunderts mussten folgende Maßnahmen ergriffen werden, wenn sich die Pest in einer Stadt ankündigte.
>
> Vor allem ein rigoroses Parzellieren des Raumes: Schließung der Stadt und des dazugehörigen Territoriums; Verbot des Verlassens unter Androhung des Todes, Tötung aller herumlaufenden Tiere; Aufteilung der Stadt in verschiedene Viertel, in denen die Gewalt jeweils einem Intendanten übertragen wird. Jede Straße wird unter die Autorität eines Syndikus gestellt, der sie überwacht; [...]. Am bezeichneten Tage muss sich jeder in seinem Haus einschließen: Herausgehen wird mit dem Tode bestraft. [...] Der Raum erstarrt zu einem Netz von undurchlässigen Zellen. Jeder ist an seinen Platz gebunden. Wer sich rührt, riskiert sein Leben: Ansteckung oder Bestrafung.«[4]

Von den Bewohnern der Pest-Stadt heißt es: »Jeder ist in seinen Käfig eingesperrt, jeder an seinem Fenster, bei Nennung seines Namens antwortend und zeigend, worum man ihn fragt«. Diese Befragung findet in bestimmten Rhythmen und Intervallen statt, wie die ärztliche Visite im Spital. Ihre Ergebnisse werden in Akten, Registern und Statistiken festgehalten.[5] Die räumliche und zeitliche Überwachung des Einzelnen verbindet sich mit seiner Analyse:

4 Körperdisziplin und Biopolitik

»Die Ordnung schreibt jedem seinen Platz, jedem seinen Körper, jedem seine Krankheit und seinen Tod, jedem sein Gut vor: kraft einer allgegenwärtigen und allwissenden Macht, die sich einheitlich bis zur letzten Bestimmung des Individuums verzweigt – bis zur Bestimmung dessen, was das Individuum charakterisiert, was ihm gehört, was ihm geschieht. Gegen die Pest, die Vermischung ist, bringt die Disziplin ihre Macht, die Analyse ist, zur Geltung«.[6]

Das Pestbeispiel zeigt sehr deutlich: Biopolitik rettet Leben, wo der Einzelne es nicht kann. Ein einzelner Mensch kann die Pest nicht besiegen und sich mithin auch nur sehr begrenzt gegen sie schützen. Er kann seine Infektion vermeiden, aber keine Infektionswege unterbrechen, damit das Leben in die Stadt zurückkehrt. Der Preis dafür ist jedoch die Überwachung der Körper, ihre Kontrolle und Analyse.

Auch die staatlichen Anti-Corona-Maßnahmen trennen und sortieren die Körper, überwachen und kontrollieren sie, sie analysieren dieselben und ihr Zusammenspiel und sie bestrafen mitunter sogar abweichendes Verhalten. Einige Tage Hausarrest sind jedoch mit einem Leben im Lager oder einem Hochsicherheitsgefängnis – das sind für Foucault die Symbole der despotischen Biopolitik – nicht zu vergleichen und die Aufnahme von Personalien im Restaurant ist etwas anderes als die Geburtenkotrolle, der Rassismus und die Eugenik totalitärer Staaten, die Foucault als Beispiele für einen Disziplinarstaat nennt.

Die Erfindung der Prävention

Gleichwohl gibt die Biopolitik den Körpern eine bestimmte Form. Sie behandelt sie wie Werkstücke; sie unterwirft sie einer räumlichen Ordnung und zeitlichen Taktung. Das wird an den Coronamaßnahmen besonders deutlich, das ist aber ein grundsätzlicher Zug jeder Biopolitik und ihrer Maßnahmen – oder Dispositive, wie Foucault sagt. So kennen wir in der

Gesundheitspolitik schon lange eine ganze Reihe von Hygienemaßnahmen, um den Körper vor einer bakteriologischen Infektion zu schützen. Dazu gehören nicht nur die Desinfektion von Flächen und Nahrungsmitteln, die Verbannung der Abwässer, des Mülls und dergleichen aus den Städten, sondern auch der entsprechende Verschluss des menschlichen Körpers im Prozess der Zivilisation, den Elias beschreibt. Wo wir unseren Körper nicht vor dem Erreger verschließen können, immunisieren wir ihn dagegen mit einer Impfung. Wir müssen den Kontakt zulassen, kontrollieren aber die Reaktion darauf. Und wenn wir der Impfung nicht vertrauen oder sie nicht ausreicht, um die gewünschte Reaktion unseres Körpers sicherzustellen, ergreifen wir zusätzliche Hygienemaßnahmen; wir vermeiden den Kontakt oder tragen Schutzkleidung und Masken. Schließlich versuchen wir auch anderen Gefahren und Erkrankungen vorzubeugen und betreiben Prävention. All dies richtet sich nicht gegen Erkrankungen, die schon kursieren, sondern gegen solche, die womöglich auftreten könnten. Damit verändert sich die Vorstellung körperlicher Gesundheit. Galt einst als gesund, wem nichts wehtut und wessen Organe schweigen, ist das nun nicht mehr ausgemacht.[7] Denn nur weil etwas noch nicht schmerzt oder ein Organ sich noch nicht meldet, heißt das nicht, dass es auch in Zukunft so bleiben wird. Deshalb gilt es, auf der Hut zu sein und vorsorglich zu untersuchen oder prophylaktisch zu handeln. Die Prävention verschiebt das Verhältnis von pathologisch und normal und setzt eine Eskalationsspirale in Gang, die den permanenten Notfall imaginiert und versucht, ihn zu verhindern. Ein Freund von mir arbeitet als Urologe in einer privaten Klinik und entfernt jeden Tag zehn Prostatae ganz oder teilweise, neun davon rein prophylaktisch – in Reaktion auf die Befürchtungen seiner Patienten, die Prostata könnte in Zukunft erkranken, und im Interesse der Profitrate seines Arbeitgebers, der den Da-Vinci-OP-Roboter abbezahlen muss, den mein Freund benutzt. Häufige Folgen der OP sind Inkontinenz, Erektionsstörungen und Unfruchtbarkeit. Jeder seiner Patienten muss nach der OP in die Rehabilitation und viele bleiben für den Rest ihres Lebens ein Fall für die Urologie. Die Prävention ist eine *self-destroying prophecy*. Sie »konstruiert die bedrohlichen Zukünfte, gegen die sie Abhilfe verspricht [...]. Und da es nichts gibt, was nicht als Bedrohung wahrgenommen oder zur Bedrohung deklariert werden könnte, kann alles zur Zielscheibe präventiver Anstrengungen werden.«[8] So eröffnet die Prävention eine sich vervielfachende Kette von Handlungen, die den Körper nicht nur immer stärker kontrollieren, sondern auch immer stärker und früher in ihn eingreifen, um »noch nicht vorhandene Probleme zu verhindern« und eine unerwünschte Zukunft auszuschließen, die dabei aber mitunter das zerstört, was sie erstrebt: das Schweigen der Organe und dass einem nichts wehtut.[9]

Im Grunde sind jedoch alle drei Handlungsstränge präventiv. Hygienemaßnahmen schützen unseren Körper vor einem Feind, den wir kennen und von dem wir wissen, wo er sitzt. Es sind *known knowns*, wie wir mit einem Begriff der Statistik sagen können.[10] Die Immunisierung wendet sich gegen einen Feind, den wir kennen, von dem wir aber nicht wissen, wann und wo er lauert. Er ist ein *unknown known*. Die allgemeine Vorsorge richtet sich indes gegen einen Feind, den sie nicht nur nicht kennt, sondern von dem sie auch nicht weiß, ob und – wenn er existiert – wo es ihn gibt. Sie richtet sich gegen ein *unknown unknown* und etabliert einen permanenten Ausnahmezustand, in dem der Mensch gleichzeitig Opfer und Täter ist – ein Opfer, das womöglich in Zukunft von einer Prostataerkrankung heimgesucht wird, und ein Täter, der sie sich vorsorglich entfernen lässt und den Rest seines Lebens unter den Folgen leidet. Dieser Ausnahmezustand kann im Zusammenspiel mit einem fürsorgenden Staat und entsprechende Institutionen (von denen die Hygienemaßnahmen ausgehen), sowie Menschen, die sich um sich selbst sorgen (und zum Beispiel immunisieren lassen), dazu beitragen, dass der Körper in unserem Gesundheitssystem einer immer stärkeren Kontrolle unterworfen und seine spontanen Selbstentäußerungen immer weiter unterdrückt werden. Er wird zu einem Werkzeug, das wir kontrollieren, untersuchen und beschneiden, wie wir es für richtig halten. Und das ist uns von großem Nutzen! Wie viele Frauen sterben nicht mehr im Wochenbett, weil es Hygienemaßnahmen im Kreißsaal gibt, Operationen verlaufen günstiger, seitdem Chirurgen bereit sind, ihr Messer zu reinigen.

Wie viele Kindern werden nicht mehr durch Masern schwer krank oder Polio schwerbehindert? Wie viel länger können wir dank Vorsorge unsere Zähne behalten und uns Zahnschmerzen ersparen? Wie oft rettet Krebsfrüherkennung ein Leben?

Mit den anderen Institutionen der Biopolitik, dem Militär, der Fabrik oder der Schule, ist es ähnlich. Auch sie verwalten das Leben der Individuen, indem sie ihre Körper kontrollieren beziehungsweise ihnen einen bestimmten Umgang mit ihren Körpern abverlangen, aber sie steigern damit auch die Produktivität. Körperkontrolle und Prosperität sind zwei Seiten derselben Medaille. Wir müssen in der Schule einem Stundeplan folgen und still sitzen, um etwas zu lernen. Als Soldat:innen müssen wir unseren Körper in einen choreografierten Ablauf einfügen, um eine Kampfformation zu bilden. Im Gefecht müssen die individuellen Kräfte der Körper so gebündelt und organisiert werden, dass sie sich in einem Vektor vereinigen. Ganz ähnlich wie in der Fabrik, wo die Bewegung der Hand zur Bewegung der Maschine passen muss, und die Bewegungen von Hand und Maschine sich in einem gemeinsamen Takt mit den Bewegungen von tausend anderen Händen und Maschinen zur Produktion der Fabrik verbinden, die wiederum in einem ähnlichen Zusammenhang mit anderen Fabriken, Maschinen und Körpern steht, so dass das Band der Produktion – oder das stählerne Triebwerk des Kapitalismus, von dem Weber sprach – Millionen von Körpern auf der Welt in ihren Bewegungen koordiniert und in einen gemeinsamen Takt bringt.

Dabei wird zugleich deutlich, dass es nicht nur staatliche Institutionen sind, die diese Disziplinierung der Körper vornehmen, sondern auch gesellschaftliche und ökonomische, die den Menschen kontrollieren, indem sie seinen Körper disziplinieren. Sie machen noch einmal anschaulich, wieso Weber sagen kann, dass die kapitalistische Wirtschafts- und Gesellschaftsordnung »den Lebensstil aller einzelnen, die in dies Triebwerk hineingeboren werden – nicht nur der direkt ökonomisch Erwerbstätigen –, mit überwältigendem Zwange bestimmt.« Diese Disziplinierung geschieht nicht nur durch äußeren Zwang, sondern die Einzelnen unterwerfen sich ihr aus innerem Antrieb und – das hatte Webers Beispiel eindrucksvoll gezeigt – disziplinieren sich selbst, um den äußeren Ansprüchen an sie nicht nur gerecht zu werden, sondern in dem System, in dem sie leben, auch Erfolg zu haben. Biopolitik heute ist kein despotisches Regime mehr, das uns ein bestimmtes Verhältnis zu unseren Körpern aufzwingt, sondern all das geschieht in einem gewissen Sinne »freiwillig«, insofern in unseren liberalen Staaten die äußere Überwachung und Bestrafung durch eine innere Kontrolle und Konkurrenz ersetzt worden sind. Wir leben weniger in einer Disziplinar- und eher in einer Kontrollgesellschaft, wie der Philosoph Gilles Deleuze sagt. Sie unterscheidet sich von der Disziplinargesellschaft wie das Unternehmen von der Fabrik. »Die Fabrik setzte die Individuen zu einem Körper zusammen, zum zweifachen Vorteil des Patronats, das jedes Element in der Masse überwachte, und der Gewerkschaften, die eine Widerstandsmasse mobilisierten; das Unternehmen jedoch verbreitet ständig eine unhintergehbare Rivalität als heilsamen Wetteifer und ausgezeichnete Motivation, die die Individuen zueinander in Gegensatz bringt, jedes von ihnen durchläuft und in sich selbst spaltet.«[11] In Konsequenz weisen wir selbst unseren Körpern einen konkreten Platz zu und kontrollieren ihre Bewegungen. Wir dirigieren sie, verhindern ihre spontanen Selbstentäußerungen und unterwerfen sie einer strengen Choreografie. Wir filtern die Luft, die wir atmen, weil wir selbst uns nicht anstecken wollen, und wir stoßen alle zurück, die uns zu nah kommen. Abstand halten, bitte!

Neoliberalismus aus dem Reformhaus

Die Biopolitik ist nicht nur eine wichtige Quelle für die Genese des Hardbodys, sondern führt auch den bemerkenswerten Umstand vor Augen, dass im modernen Staat jede Körperpolitik den Hardbody fördert – ganz gleich, welche Vorstellung sich die Menschen von ihren Körpern und den Beziehungen machen, die diese Körper miteinander haben und ganz gleich, ob sie das wollen oder nicht. Am Ende führen alle Wege zu einer Verhärtung, Trennung und Kontrolle der Körper.

Die liberale Ordnung geht vom Hardbody aus; sie stellt sich den Menschen und sein Zusammenleben mit anderen Menschen immer noch mechanisch vor und tut so, als ob die Gesellschaft aus individuellen, abgeschlossenen, autonomen Körpern bestünde, die sich nach Maßgabe ihrer eigenen Kraft bewegen und ihre individuellen Interessen verfolgen. Deshalb liegt ihr ein rein negativer Begriff von Freiheit zugrunde, der darunter nur die Abwesenheit von Bewegungshindernissen versteht. Jeder hat die »Freiheit zur Verwirklichung seiner Möglichkeiten in Übereinstimmung mit seinen persönlichen Fähigkeiten mit der einzigen Einschränkung, dass er nicht die Freiheit anderer Personen beschränke, das Gleiche zu tun.«[12] Das heißt im Hinblick auf den Umgang mit Gefährdungen wie zum Beispiel der Coronapandemie, dass der Homo oeconomicus sich zwar »alle Mühe gibt, seine Glieder zu schützen und gesund zu erhalten, seinen Körper vor Tod und Schmerzen zu bewahren«, dass er jedoch nicht daran gehindert werden will, »Dinge, die er auf Grund seiner Stärke und seines Verstandes tun kann, seinem Willen entsprechend auszuführen«, nur weil das vielleicht für einen anderen Menschen negative Konsequenzen hat.

Die Biopolitik will gerade nicht, dass nur der Stärkste überlebt, sondern sie zielt darauf ab, individuelle Leben zu schützen und das Leben insgesamt zu fördern. Sie tut das, weil sie davon ausgeht, dass der Mensch keine Insel ist, sondern in ein Netz des Lebens verwoben.[13] Er lebt mit anderen Menschen zusammen, ist in den Kreislauf der Natur eingebunden und mit den verschiedenen gesellschaftlichen Organisations-, Produktions- und Lebensweisen verflochten. Das macht ihn verletzlich. Diese Verletzlichkeit ist ein sozial konstitutives Charakteristikum. Und die Biopolitik versucht, diese Verletzlichkeit zu schützen. Sie geht also von einem ganz anderen Körperbild und einer ganz anderen sozialen Ontologie aus als das liberale Modell. Wo dieses von geschlossen und getrennten Körpern ausgeht, geht sie von offenen und verbundenen Körpern aus. Wo diese (aufgrund ihres Körperbildes) ein *survival of the fittest* favorisiert, damit der Stärkere keine Rücksicht nehmen muss, sondern seinen individuellen Nutzen maximieren kann, versucht jene (ebenfalls aufgrund ihres Körperbildes) das einzelne Leben zu schützen und das Leben insgesamt zu fördern. Um das zu erreichen, ist sie jedoch gezwungen, die Körper zu trennen und zu kontrollieren und damit ein Körperbild zu stärken, dass ihrer Grundannahme widerspricht.

Einige Gegner der Biopolitik teilen mit ihr die Einsicht in die Allverwobenheit des einzelnen Lebens in alle anderen Leben. Trotzdem wehren sie sich gegen ihre Maßnahmen, wenn sie ihre individuelle Freiheit einschränken. Damit fördern sie den Hardbody. Diese Kritiker erkennen zwar an, dass jedes Leben mit allen anderen verwoben ist, betonen jedoch, dass nicht jeder im Hinblick auf jede Gefährdung gleich verletzlich ist, und leiten daraus das Recht ab, nach einer individuellen Kosten-Nutzen-Rechnung entscheiden zu können, ob eine biopolitische Maßnahme im Hinblick auf sie gerechtfertigt ist oder nicht. Sie ist es, wenn sie ihnen nützt. Im Zusammenhang mit den Coronamaßnahmen, die in vielerlei Hinsicht ein anschauliches Beispiel für die Probleme der Biopolitik sind, wird diese Position etwa von der Philosophin Svenja Flaßpöhler oder den fünfzig Autoren der *7 Argumente gegen eine Impfpflicht* vertreten. Sie sagen, dass die Impfung nicht jedem gleichermaßen nütze, weil die Risiken einer Infektion für den individuellen Menschen unterschiedlich groß seien und jeder also in einer individuellen Kosten-Nutzen-Rechnung entscheiden können solle, ob sie sich für ihn lohne oder nicht. Flaßpöhler unterstreicht das noch mit der allgemeineren Behauptung, ihre Zeitgenossinnen seien viel zu sensibel und verlangten ungerechtfertigterweise, das andere ihr Verhalten änderten, nur weil das für sie selbst negative Konsequenzen habe. Anstatt sich zu beschweren, so Flaßpöhlers Forderung, sollten die Menschen härter werden, widerstandsfähiger gegen die Zumutungen des Lebens und anderer. Diese Kritik an biopolitischen Maßnahmen zeigt eine Verflüssigung von Solidaritäten. Sie werden in Anspruch genommen, wo sie Gewinn versprechen, und abgelehnt, wo sie Kosten verursachen. Diese Entsolidarisierung verlangt den Hardbody. Das zeigt nicht nur Flaßpöhlers bisweilen polemische Kritik an der Sensibilität, in der sie der Heulsuse von heute den nicht nur äußerlich gepanzerten Ritter des Mittelalters gegenüberstellt, sondern auch der faule Kompromiss zwischen Allverwobenheit und Individualität, den die Autoren der *7 Argumente* schließen, wenn sie die allgemeine Verbundenheit und gegenseitige Verletzlichkeit zwar anerkennen, in der Bewertung der zumutbaren Solidaritätspflichten aber wiederum vom einzelnen Individuum ausgehen, das seine Interessen möglichst ungehindert verfolgen und beim Ziehen seiner Kreise nicht gestört werden möchte. Das ist der Homo oeconomicus in seiner Biovariante, Neoliberalismus aus dem Reformhaus.

Hardbody-Leid

Wohin wir auch blicken, überall regiert der Hardbody. Wenngleich wir den Verschluss und die Abtrennung unseres Körpers forcieren, leiden wir jedoch auch darunter. Wir alle kennen das zwiespältige Gefühl der Vereinzelung und Isolation, das die Nähe des anderen einerseits vermisst und sich andererseits gegen sie sperrt – nicht erst seit der Coronapandemie. Entsprechend bringt die Trennung der Körper im Zuge der Pandemie auch weniger neue Symptome seelischen Leidens hervor, als dass sie schon bekannte und verbreitete Formen verstärkt. Ermüdung, Stress und Ängste haben deutlich zugenommen. Das Polster eines grundsätzlichen Wohlbefindens, das Menschen hilft, Widrigkeiten zu ertragen, fehlt, sodass einzelne Unerquicklichkeiten viel belastender wahrgenommen werden. Viele schlafen schlecht und fühlen sich erschöpft; sie klagen über Rückenschmerzen, Kräftemangel und Ängste. Diese Ängste beziehen sich nicht nur auf die eigenen Zukunftschancen im Hinblick auf die Arbeitsstelle, das finanzielle Auskommen und ökonomische Probleme im Zusammenhang mit den Lockdowns, sondern auch auf politische und soziale Probleme oder den Kontakt mit anderen. Das Vertrauen in den gesellschaftlichen Zusammenhalt und seine Institutionen ist ebenso gesunken wie das Gefühl der Zugehörigkeit zu Gruppen und Gemeinschaften. Die Menschen fühlen sich einander weniger verbunden und weniger füreinander verantwortlich. Sie haben den Eindruck, auf sich selbst gestellt zu sein und halten den anderen auf Abstand. Diese Gefühle einer allgemeinen Distanzierung und Isolation zeigen sich auch darin, dass das Zusammensein mit Freunden, Kolleginnen, Vorgesetzten oder anderen Menschen als weniger angenehm empfunden wird als früher.[14] Die körperliche Nähe des anderen wird zwar begehrt, aber zugleich auch als unangenehm empfunden. Mit ihr schwindet auch das Gefühl der Verbundenheit mit anderen. Diese Symptome sind bekannt. Seit vielen Jahren schon stellen Studien aus Psychologie und Sozialwissenschaften eine verbreitete Erschöpfung und Depressivität der Menschen fest. Sie sind unglücklich und ausgebrannt. Es ist von einer *Müdigkeitsgesellschaft* (2012) die Rede und vom *Erschöpften Selbst* (2008).[15] Das *Unbehagen in der Kultur* hatte sich in den westlichen Gesellschaften schon längst zu einer ernsthaften Depression verhärtet, bevor sie von der Coronapandemie getroffen wurden. Dieses Unbehagen resultiert aus dem Umgang mit unseren Körpern in einer Situation, in der die ihnen eigentümliche Solidarität besonders prekär geworden ist, weil sich alle gesellschaftlichen Solidaritäten verflüssigt haben. Wir schwimmen und umso verzweifelter wir darum kämpfen müssen, nicht unterzugehen, desto weniger haben wir eine Hand frei, um sie anderen zu reichen.

Kapitel 5
Hardbody-Emotion:
American Cool und deutsche Kälte

Harte Körper sind auch gefühllose Körper. Sie sind das Produkt einer modernen Gefühlskultur, die rationalisiert wird. Eine wichtige Etappe in diesem Prozess ist der Übergang vom 19. zum 20. Jahrhundert und insbesondere die Zeit nach dem Ersten Weltkrieg. In den USA entsteht die Coolness, in Deutschland kursieren Verhaltenslehren der Kälte. Beides sind Formen der emotionalen Panzerung. Die amerikanische Coolness, so der Historiker Peter N. Stearns, löst eine viktorianische Gefühlskultur ab, in der es nicht nur gute und schlechte Gefühle gibt, sondern an sich negativ bewertete Gefühle auch positiv erscheinen konnten.[1] Mutterliebe galt zum Beispiel als positives Gefühl, weil sie sanft war und einem guten Zweck diente. Zorn oder Wut wurden hingegen eher negativ bewertet, weil sie aggressiv waren und zerstörerisch wirken konnten. Wurden sie jedoch in produktive Bahnen gelenkt, änderte sich ihre Bewertung. »Wut beispielsweise erschien zumindest dann positiv, wenn sie von Männern in den Sphären der Ökonomie und Politik empfunden wurde, wo sie Risikobereitschaft und Durchsetzungsvermögen zu steigern versprach. Sportarten wie Boxen, von denen Mädchen und Frauen gezielt ferngehalten wurden, sollten Wut nachgerade produzieren, um kompetitive, mutige Jungen und Männer zu formen, die ihre Aggressivität zu kanalisieren, aber auch zu erzeugen und zu nutzen wussten.«[2] Die Gefühlskultur des 19. Jahrhunderts zielte darauf ab, Gefühle kontrolliert fruchtbar zu machen.

Diese Wertschätzung des Impulsiven und der Glaube, dass alle Gefühle ein positives Potenzial besitzen, ging amerikanischen Mittelschichten im Verlauf des 20. Jahrhunderts verloren. Sie sahen alle Emotionen im Gegensatz zur Vernunft und damit als gefährlich an. Deshalb sollten sie nicht mehr kultiviert, sondern gemäßigt werden. Als Beispiele für diese mäßigende Gefühlskultur nennt Stearns etwa eine pädagogische Literatur, die empfiehlt, Kinder gar nicht erst in Situationen zu bringen, in denen sie starke Gefühle empfinden könnten. Wenn das doch einmal geschehe und ein Kind zum Beispiel eifersüchtig auf seine Geschwister sei, sollten diese Gefühle sogleich besprochen und rational aufgelöst werden. Eifersüchtige Erwachsene galten plötzlich als unreif und schlecht erzogen.[3] Und während Mörder aus Eifersucht im 19. Jahrhundert noch in einigen Staaten auf mildernde Umstände hoffen durften, mussten sie nun mit der vollen Härte des Gesetzes rechnen. Aber auch positive Gefühle wurden unterdrückt. Mutterliebe sollte nicht zu groß, mit ihrer Trauer sollten Hinterbliebene schnell fertigwerden. Die Differenzierung der Gefühle schwand. Kannte die viktorianische Gefühlskultur noch gute und gefährliche, aber nützliche Gefühle, kennt die Gefühlskultur der kalten Krieger nur noch gute und schlechte Gefühle. Die schlechten Gefühle will sie gar nicht haben, die guten nur in ganz geringen Dosen. Das ist die Geburt des *American Cool*. Die Ursachen, die Stearns nennt, ähneln dem, was Elias als Prozess der Zivilisation beschrieben hat: die Notwendigkeit einer immer größeren Affektkontrolle im Rahmen der Berufstätigkeit und des großstädtischen Lebens und eine größere Beteiligung der Frauen am öffentlichen Leben, wodurch die männlich codierten aggressiven Gefühle weiter zurückgedrängt werden mussten.[4] Diese neue Gefühlskultur schlägt sich auch in der Sprache nieder. Der einst neutral verwendete Begriff *cool* bezeichnet nun eine positiv verstandene gemäßigte Emotionalität.[5]

Die deutsche Kälte entwickelt sich in einer nachgeholten Auseinandersetzung mit der höfischen Kultur der frühen Neuzeit, in der Elias den Prozess der Zivilisation beginnen lässt. Anders als im Rest Europas, so der Philosoph Helmuth Plessner in seinem Buch *Die verspätete Nation* (1935), hat in Deutschland keine adelig-bürgerliche Zivilisation stattgefunden, weil das Land in der frühen Neuzeit in konfessionellen Kriegen gefangen war und wirtschaftlich am Boden lag. Nach dem Ersten Weltkrieg holten die Deutschen das aber nach. Sie lasen höfische Literatur, allen voran das *Handorakel und Kunst der Weltklugheit* (1647) des Jesuitenpaters Baltasar Gracián, weil sie gelernt hatten: »Wer Macht ausüben will, muß sein Gegenüber aus einer organisch-moralischen Größe in ein physikalisches Objekt der Wahrnehmung verwandeln.«[6] So formuliert das der Germanist Helmut Lethen in seinem Buch *Verhaltenslehren der Kälte. Lebensversuche zwischen den Kriegen* (1994). Die Absicht hinter der Verwandlung des anderen in ein Objekt der Wahrnehmung ist die, die Schwachstellen des anderen zu finden und entsprechend die Daumenschrauben ansetzen zu können, um ihn zu manipulieren oder dem eigenen Willen durch Zwang zu unterwerfen. Da der andere das weiß, versucht er, keine Schwäche zu offenbaren, und das heißt vor allem, seine Gefühle zu verbergen, denn die Affekte sind der Schlüssel zur Seele. Jeder verschließt oder verhärtet sich gegenüber dem anderen, versteckt seine Gefühle und zieht ein Futteral aus Leder an. Oder man täuscht den anderen über seine Absichten und Zwecke, indem man ihm Gefühle vorspielt, die man gar nicht hat. So entsteht ein Wechselspiel aus Maskeraden und Täuschungen, aber auch Provokationen, die dem anderen eine »echte« Gefühlsregung entlocken wollen, um ihn daran zu packen, was aber nur dazu führt, dass dieser andere sich noch besser verschließt. »Nie aus der Fassung geraten«, rät Gracián.[7] Wer seine Gefühle sehen lässt oder gar sagt, was er fühlt, läuft Gefahr, vom anderen besiegt zu werden. Die Menschen verschließen sich emotional und machen sich zu dem, was der Psychoanalytiker Wilhelm Reich 1933 »das gepanzerte Ich« nannte.[8]

Motiviert wird diese Distanzierung und Selbstverhärtung von der Erfahrung sozialer Krisen und gesellschaftlicher Umbrüche. Die wilhelminische Ordnung ist zusammengebrochen, die Inflation grassiert, die Republik steht kurz vor dem Bürgerkrieg. Die Menschen spüren *Die Grenzen der Gemeinschaft* (1924), wie ein einflussreiches Buch Plessners heißt. Sie ziehen sich auf sich selbst zurück und distanzieren sich voneinander. Hobbes' Gesellschaftstheorie erlebt ein Revival, nicht nur rechts, auch links. Der Mensch als harte Kugel, die rücksichtslos ihre eigenen Interessen verfolgt, diese aber nicht verraten darf, damit andere sie nicht durchkreuzen. Das mechanische Körperbild reüssiert wieder. Der Mensch erscheint (unter Rückgriff auf Hobbes) als »Bewegungs-Maschine«.[9] Überhaupt versteht die Weimarer Elite das kalte, emotionslose Verhalten als Körperpraxis. Die Verhaltenslehre der Kälte ist eine »Bewegungslehre«, schreibt der Romanist Werner Krauss in seiner Auseinandersetzung mit Gracián. Er verfasst sie im Frühjahr 1945, nachdem er vom Reichskriegsgericht wegen Hochverrats zum Tode verurteilt und in Plötzensee inhaftiert worden war. »Wenn in einer historischen Situation die Horizonte der Orientierung einstürzen und der Bewegungsraum des Menschen unter extrem agonaler Spannung steht, schlägt die Stunde der Verhaltensregeln.« In dieser Situation fanden die Intellektuellen der Weimarer Republik in Graciáns ›kalter persona‹ »die Gestalt eines mobilen Subjekts ohne seelische Tiefengliederung, dessen Bewegungsraum weder durch Interventionen der Moral noch durch die Stimme des Gewissens eingeschränkt wird.«[10] Die Verhaltenslehren der Kälte fördern die Vorstellung vom harten und geschlossenen Körper und verändern die Körper auch physisch. So schreibt der Schriftsteller Ernst Jünger im Rückblick auf die Veränderung, die die Verhaltenslehren der Kälte in den Gesichtern der Menschen bewirkt hatten:

> »Was man in der liberalen Welt unter dem ›guten‹ Gesicht verstand, war eigentlich das feine Gesicht, nervös, beweglich, veränderlich und geöffnet den verschiedenartigsten Einflüssen und Anregungen. Das disziplinierte Gesicht dagegen ist geschlossen; es besitzt einen festen Blickpunkt und ist im hohen Maße einseitig, gegenständlich und starr. Bei jeder Art von gerichteter Ausbildung bemerkt man bald, wie sich der Eingriff fester und unpersönlicher Regeln und Vorschriften in der Härtung des Gesichtes niederschlägt.«[11]

Plessners *Grenzen der Gemeinschaft* haben jedoch auch eine ganz konkrete körperliche Dimension. Plessner ist Anthropologe und bestimmt den Menschen von seiner »exzentrischen Positionalität« her. Damit meint er, dass der Mensch nicht nur mit seinem Körper in die Welt gesetzt ist, sondern mittels seines Bewusstseins auch über sein Verhältnis zu dieser

Welt nachdenken kann. Als Körper hat er (wie andere Dinge auch) eine Position in der Welt und grenzt an sie an. Er ist in die Welt und gegen die Welt gesetzt. Im Bewusstsein kann er diese Position (sein Zentrum in der Welt) verlassen und neben sich treten. Er nimmt eine exzentrische Position ein. Sie ermöglicht ihm, über sein Verhältnis zur Welt und zu den anderen Menschen nachzudenken. Er reflektiert die Grenze, an der er sich mit ihnen trifft. Dabei erkennt er sich als schutzbedürftig und nackt.[12] Das resultiert in einem »Drang zur Verhaltung«.[13] Er äußert sich in der Distanzierung von anderen und in einem Gefühl der Scham. Er verschließt sich den anderen, um die eigene Verletzlichkeit und Nacktheit nicht sehen zu lassen. Die Distanzierung und Körperkontrolle stehen also nicht nur im Dienst eines Machiavellismus, wie Lethen meint, sondern resultieren ganz konkret aus der Einsicht des Menschen, durch seinen Körper den anderen ausgesetzt zu sein. Der Verschluss des Körpers zum Hardbody ist ein Schutzmechanismus gegen die eigene Verletzlichkeit und eine Schamreaktion auf die eigene Nacktheit. Damit betrifft sie auch den grotesken Körper, denn der Ernstfall, den Plessner antizipiert und den er durch die Distanzierung und Verhüllung der Körper verhindern will, betrifft auch die Angst des wilheminischen Mannes, vor anderen nackt dazustehen, sich in seiner ganzen Kreatürlichkeit sehen zu lassen und von anderen dafür verlacht oder als ekelhaft befunden zu werden.[14]

Wenn wir diesen »Drang zur Verhaltung« in die Gegenwart weiterverfolgen, entdecken wir ihn im Versuch, »Haltung zu bewahren, den Blick nach vorn« zu richten, hinter dem Menschen heute, wie Daniel Schreiber schildert, ihre Trauer und ihre Einsamkeit verbergen. Es ist eine Form der Zurückhaltung und Distanznahme, die »zu einer beklemmenden zweiten Haut« wird und die verbergen soll, dass man an der kollektiven Aufforderung zum guten Leben und Glücklichsein gescheitert ist und – ganz ähnlich den Weimarer Bürgern – den großen Erzählungen nicht mehr glauben kann. Wie Plessners Drang zur Verhaltung ist auch diese Maske mit Scham verbunden, weil die Betroffenen sich schwer damit tun, in ihrer »Einsamkeit Würde zu finden«.[15] Deutsche Kälte 2.0: Hinter dem Hardbody mit geradem Blick und steifer Haltung steckt ein Mensch, der allein ist. Wenngleich die Begeisterung für den emotionslosen Machiavellismus nach 1945 abebbt, lebt der kalte Hardbody also fort. Und das nicht nur in den einsamen Menschen, die versuchen, ihre Einsamkeit zu verbergen. Die deutsche Populärkultur importiert die American Coolness aus den USA und der kühle Taktiker findet Asyl in der Managementkultur und Bürokratie. Managementratgeber entdecken Gracián und die höfische Klugheit wieder für sich und der Soziologe Niklas Luhmann schreibt, nachdem er acht Jahren als niedersächsischer Ministerialbeamter gedient hat: »[D]er Verwaltungsmensch ist dazu prädestiniert, ein Taktiker zu werden«, nämlich dann, wenn es darum geht, seinen Vorgesetzten zu lenken.[16]

Kapitel 6
Hardbodys in der *Liquid Society*

Die Auflösung von Solidaritäten ist ein wichtiges Moment für die Konstitution des Hardbodys. Sie zeigt sich auch in einem größeren gesellschaftlichen, politischen und ökonomischen Rahmen ab den 1980er Jahren: als Nachlassen der Bereitschaft, im eigenen Handeln Rücksicht auf die Ansprüche der anderen zu nehmen, und ist Teil einer größeren Auflösungsbewegung, die zu dem führt, was der Soziologe Zygmunt Bauman als *liquid society* bezeichnet, eine flüssige Gesellschaft. Nicht nur individuelle Verhältnisse erscheinen in ihr flüssig geworden, sondern auch kollektive, ganz grundsätzlich etwa die Verbindung von Politik und Macht. Sie wird durch die Globalisierung aufgehoben, denn, während das Geschehen an jedem Ort der Welt zunehmend von internationalen ökonomischen Kräften bestimmt wird, bleibt die Politik nach wie vor lokal oder national ausgerichtet und »die Möglichkeiten des modernen Staates, effektiv zu handeln« sind weiterhin auf die lokale oder nationale Ebene beschränkt.[1] Dadurch hat die Politik diesen globalen, ökonomischen Kräften immer weniger entgegenzusetzen und ist ihnen weitestgehend ausgeliefert. Oder, wie es der deutsche Politiker Horst Seehofer 2010 formulierte: »Diejenigen, die entscheiden, sind nicht gewählt, und diejenigen, die gewählt werden, haben nichts zu entscheiden.«[2] Angesichts dieser in vielen Bereichen wachsenden Machtlosigkeit, konzentriert der Staat seine Aufmerksamkeit auf die Bereiche, in denen er noch handeln kann, etwa die innere Sicherheit oder die Biopolitik, und überlässt die anderen Bereiche den globalen ökonomischen Kräften, gegen die er nichts ausrichten kann.

Das hat jedoch zur Folge, dass er seine Bürgerinnen und Bürger ebendiesen Kräften ausliefert. Diese sehen sich nun in der misslichen Lage, dem Zugriff von ebenjenen Mächten ausgesetzt zu sein, denen der Staat kein Paroli bieten kann, und sie sind dabei zunehmend auf sich gestellt. Denn auch ihre Unterstützung durch soziale Sicherungssysteme oder Institutionen des kollektiven Handelns, wie etwa Gewerkschaften, schwindet. Die einen werden vom Staat sukzessive abgebaut, die anderen haben den internationalen Konzernen wenig entgegenzusetzen – sei es, weil sie keine Mitspracherechte besitzen oder diese nicht nutzen, da sie sich nur ihren nationalen Mitgliedern verpflichtet fühlen. Das fördert eine Einzelkämpfermentalität. »Zwischenmenschliche Bindungen, vormals zu einem Sicherheitsnetz verwoben, für das sich ein erheblicher und kontinuierlicher Einsatz von Zeit und Energie ebenso lohnte wie das Hintanstellen unmittelbarer individueller Interessen (oder dessen, was im Interesse des Einzelnen zu sein schien), werden immer brüchiger und als vorübergehend betrachtet. Dass der Einzelne den Unwägbarkeiten des Waren- und Arbeitsmarktes ausgesetzt ist, fördert die Spaltung, nicht die Einheit; es begünstigt eine wettbewerbsorientierte Einstellung und degradiert Zusammenarbeit und Teamwork zu temporären Strategien, die ausgesetzt oder aufgegeben werden müssen, sobald ihre Vorteile verbraucht sind.«[3]

Die Aufkündigung der staatlichen Solidarität mit seinen Bürgerinnen und Bürgern und die daraus folgende Verflüssigung der Solidarität in der Bevölkerung führt zu einer Verhärtung der Körper. Die Menschen entsolidarisieren sich. Sie sehen zwar ein, dass sie verletzlich sind, sie entscheiden sich in Reaktion auf diese Verletzlichkeit jedoch nicht dazu, näher zusammenzurücken und sich gegenseitig zu schützen, sondern ziehen den individuellen Schutz vor. Sie härten sich ab und vertrauen darauf, so besser wegzukommen. Denn nicht alle Menschen sind gleich verletzlich. Solidarität schwächt die Starken. Besser also, sich zu einer Kugel zu verschließen und zu schauen, wie weit man aus eigener Kraft kommt, als sich von anderen, Schwächeren ausbremsen zu lassen. Diese Entsolidarisierung der Menschen und Verhärtung ihrer Körper ist mit dem Wechsel zu einer Politik verbunden, die das nicht als Verlust beklagt, sondern als Chance feiert. Denn sie behauptet, dass ein Staat nur dann erfolgreich ist, wenn er jedem Einzelnen die Möglichkeit gibt, seine Interessen nach Maßgabe seiner eigenen Kraft zu verfolgen, und es dabei keine Einschränkung gibt außer derjenigen, dass der andere dadurch nicht gehindert wird, dasselbe zu tun. Nicht gegenseitige Rücksicht und Verantwortung sollen das Zusammenleben bestimmen, sondern die individuelle Gier. Denn »Gier ist gut«, wie ein Held des Kinos sagt, das diesen Politikwechsel begleitet (der Spekulant Gordon Gekko in Oliver Stones Film *Wall Street* 1987), und »Eigeninteresse ist Gier«, wie ein Vordenker dieser neuen, gemeinhin als neoliberal apostrophierten Politik erklärt (der Ökonom Milton Friedman).[4] Die ausführenden Gestalten dieser programmatische Wende sind Ronald Reagan in den USA, Margaret Thatcher und Tony Blair in Großbritannien sowie Gerhard Schröder in Deutschland. Der neoliberale Politikwechsel moralisiert das ästhetische Ideal des Hardbodys, indem er im klassischen Idealkörper das sichtbare Zeichen seiner Ideologie ausmacht. Das heißt, der Hardbody hört auf, ein stummes Zeichen zu sein und vor allem durch seine Unauffälligkeit und Folgsamkeit zu wirken und wird zur lautstarken und weithin sichtbaren, sich triumphalisch gebärdenden Galionsfigur einer Kultur, die es sich zur Aufgabe macht, die Werte der neoliberalen und neokonservativen Ideologie zu propagieren.

Amerikanisches Kino und deutscher Terror: Dirty Harry und »Dirty« Gudrun

In dieser Kultur spielen das Kino und die Medien eine besondere Rolle. Der Architekturtheoretiker Norman M. Klein vergleicht die Wirkung von Blockbustern sogar mit der von barocken Kirchen, die ein ganzes Arsenal von Spezialeffekten nutzen, um ihre Besucher nicht nur zu unterhalten, sondern vor allem von der Herrlichkeit Gottes zu überzeugen.[5] Die Blockbuster der Reagan-Ära predigen freilich nicht den lieben Gott, sondern die Überlegenheit des Guten gegenüber dem Bösen. Dabei werden Gut und Böse von einem Mix aus neoliberalen und -konservativen Werten bestimmt, wie etwa der Auffassung, Wohlstand und Erfolg resultierten daraus, dass Menschen für sich selbst die Verantwortung übernähmen und hart arbeiteten, für ihre Freiheit kämpften und sie gegen andere verteidigten – wobei zu den anderen nicht nur Terroristen und die Systemfeinde aus dem Kalten Krieg gehören, sondern auch die Vertreter eines keynesianischen Wohlfahrtstaates mit seiner Bürokratie und seinen Regulierungen, Hippies, Bürgerrechtler, Junkies, Schwarze und Homosexuelle. Das lässt sich schon am ersten *Dirty-Harry*-Film (1971) beobachten, in dem der titelgebende Inspektor Dirty Harry Calahan nicht nur gegen einen irren Hippie kämpft, sondern auch gegen einen unfähigen Polizeiapparat, der ihn mit seinen vielen Vorschriften und falschen Rücksichten daran hindern will, das Richtige zu tun, weshalb sich der von Clint Eastwood verkörperte Polizist selbst helfen muss – und alle erschießt.

Das Gegenbild des neoliberalen Hardbody ist der soziale Softbody und während der Hardbody zunächst männlich konnotiert ist, gilt der Softbody als weiblich. Zumindest, sofern er »normal« ist und nicht irgendwie abartig. Weibliche Hardbodys erscheinen hingegen als abnorm, mitunter sogar als pervers und gefährlich. Das lässt sich etwa an Dirty Harrys weiblichem Gegenpart ablesen: »Dirty« Gudrun. Als solche wird die Terroristin Ensslin jedenfalls von der zeitgenössischen deutschen Presse gezeichnet, die am liebsten ein Nacktfoto von ihr verwendet, das 1967 im Zusammenhang mit dem Film *Das Abonnement* entstanden ist, in dem sie als Schauspielerin in erotischen Szenen auftaucht. Das Magazin *Stern* nutzte es zum Beispiel 1975 für die Berichterstattung über den Prozess gegen sie und die anderen Kernmitglieder der RAF, die zu dem Zeitpunkt im Gefängnis Stammheim inhaftiert waren. Andreas Baader, Jan-Carl Raspe und Ulrike Meinhof wurden mit relativ aktuellen Fotos gezeigt, Ensslin aber mit ihrem vermeintlichen »Porno-Bild« von vor zehn Jahren. Die *Bild*-Zeitung hatte bereits ein Jahr zuvor auf einen größeren Ausschnitt desselben Bildes zurückgegriffen, der auch ihre nackten Brüste zeigte und einen fast nackten, neben ihr hingestreckten Mann – dies alles unter dem Titel: »Das Leben der Terrormädchen. Potente Männer, scharfe Waffen«.[6]

Ensslin ist ein krasser Hardbody. Unberechenbar und bewaffnet, brandgefährlich. Staatsfeindin Nummer eins. Aber eben eine Frau. Das passte nicht ins Weltbild der deutschen »Männerpresse« (Alice Schwarzer) und ihrer Leser. Sie arbeitete deshalb in unzähligen Artikeln daran, die politisch motivierte Gewalt Ensslins als Ausdruck einer perversen Sexualität zu deuten. Ensslin hatte keine »normale« sexuelle Entwicklung durchgemacht, die, wie *Der Spiegel* 1975 (!) schrieb, zur »großen erotischen Mutter« führt, weil die psychisch gesunde Frau von der Sehnsucht erfüllt sei, »fruchtbar wie ein Acker zu sein und Schwangerschaften als Stationen auf dem Weg zur Freiheit preist«. Stattdessen glaubte Ensslin, die Freiheit im bewaffneten Kampf erringen zu müssen. Das tat sie in den Augen ihrer männlichen Kritiker aber nur deshalb, weil ihre Sexualität nicht durch die bürgerlichen Institutionen der Ehe und der Mutterschaft gezähmt worden war, sondern ungehindert frei wuchern konnte. Ihre ungebändigte Lust fand Befriedigung in der Ausübung von Gewalt und im Besitz und Gebrauch von Schusswaffen: Ersatzpenissen, in denen sich ihr Ödipuskomplex artikulierte. Durch ihr gewaltsames Verhalten und die Penisprothesen verwandelte sich ihr Körper.

Der weibliche Softbody wird zum Hardbody – und verweichlicht die Männer, indem er sie verführt. Andreas Baader, Ensslins Freund, wird von derselben Presse als willfähriger Handlanger seiner Freundin gezeichnet, der ohne ihren Einfluss nicht mal einen Milchladen überfallen hätte. Zum »Bandenchef und Bombenleger« wurde er nur, weil er ihr sexuell hörig war. Wo die Frau zum Hardbody wird, wird der Mann zum Softbody. Das sexistische Schema verlangt die Polarität und nötigenfalls eine Umkehr der Vorzeichen.

Während die Terroristinnen Ensslin und Meinhof als eiskalte Engel und stahlharte Killer beschrieben werden, erscheinen ihre Partner als hinterhältig und feige, als willenlos, sexuell hörig und unfähig, ihre Gefühle zu kontrollieren. Meinhofs Freund Gerhard Müller »war wie Wachs in ihren Händen«. Baader musste von Ensslin nicht nur gesagt werden, was er zu tun hatte, er verlor dabei auch andauernd die Nerven und schrie hysterisch herum, weil das Terrorisieren der anderen und das Leben im

Untergrund viel zu stressig für ihn waren. Dann musste seine Herrin ihn beruhigen. Anders als der männliche Hardbody erscheint in der kulturellen Vorstellungswelt der weibliche Hardbody zunächst nicht als Ausdruck von Tugend und Stärke, sondern eines perversen Charakters und einer gescheiterten sexuellen Entwicklung. Und er wird entsprechend inszeniert, nicht nur in der schmierigen Berichterstattung über die Terroristinnen, sondern auch in der Populärkultur.

Und das bis heute, wie etwa die Figuren Harley Quinn oder Catwoman aus dem *Batman*-Franchise zeigen. Harley Quinn ist eine Superheldin mit übermenschlicher Agilität und Stärke. Ihr Name leitet sich von der Clownsfigur Harlekin ab, ihr Kostüm entstammt jedoch eher dem Pornofilm. Catwoman ist eine Meisterdiebin und ehemalige Prostituierte. Nach ihr ist der Catsuit benannt, ein hautenger Anzug, unter dem sich der ganze Körper abzeichnet, auch die Geschlechtsmerkmale. Weder Schritt noch Brust sind – im Gegensatz zu anderen Overalls – gefüttert. Catwoman arbeitet mal mit, mal gegen Batman. Zwei Hardbodys, die sich nicht gut vertragen. In den 1970ern gelingt es Batman jedoch, die Katze zu zähmen, sie heiraten und bekommen ein Kind. Auch die Peitsche von Gotham City will – so suggerieren die Filme damit – eigentlich weich werden, ein fruchtbarer Acker sein und durch Mutterschaft und Ehe von der Geilheit auf Sex und Gewalt befreit werden.

Das kulturell vorherrschende Geschlecht des Hardbodys ist zunächst also männlich. Wenn weibliche Körper hart und tough agieren, Gewalt ausüben und gefährliche Situationen bestehen, bleiben sie entweder trotzdem weich, wie die *Drei Engel für Charlie* aus der gleichnamigen Fernsehserie (115 Folgen von 1976 bis 1981), sie erscheinen als pervers – oder sie werden maskulinisiert, wie die Filmwissenschaftlerin Yvonne Tasker schreibt. Der Hardbody ist nicht auf den männlichen Körper begrenzt, aber Körper erscheinen als männlich, »indem sie eine definierte Muskulatur besitzen.«[7] Beispiele dafür wären die von Sigourney Weaver gespielte Ellen Louise Ripley, eine Hauptfigur im *Alien*-Franchise (drei Filme zwischen 1979 und 1992) oder die von Linda Hamilton porträtierte Sarah Connor in *Terminator 2* (1992).

In der Maskulinisierung des Hardbodys wirken verschiedene Momente zusammen. So löst sie einen Konflikt zwischen konkurrierenden Männlichkeitsidealen und wirkt kompensatorisch den negativen Auswirkungen entgegen, die die Rationalisierung und Affektkontrolle auf die Männer haben. Denn am Anfang des 20. Jahrhunderts war es gar nicht ausgemacht, dass Männer idealerweise harte Kerle sein sollten, wie der Historiker Anthony Rotundo zeigt.[8] Selbstverständlich, an der Spitze des Landes oder der Konzerne wurden – das habe ich im Zusammenhang mit der Gefühlskultur schon erwähnt – starke und hartgesottene Männer gebraucht. In den Familien zählten jedoch ganz andere Qualitäten und auch von Angestellten, Fabrikarbeitern, Sachbearbeitern oder Beamten wurde, wenn sie sich nicht zum Machiavelli ihrer Behörde aufschwingen wollten, nicht Aggression, Härte und Durchsetzungsvermögen verlangt, sondern im Gegenteil Kooperationsbereitschaft, Langmut, Einfühlungsvermögen und Sensibilität. Vor allem die Männer verspürten jedoch ein gewisses Unbehagen gegenüber den Verhaltensweisen, die Kultur und Zivilisation von ihnen verlangten und entwarfen den harten Kerl und einsamen Cowboy als ein Gegenbild zum weichen Durchschnittsmenschen, als der zu leben sie sich verurteilt sahen. Der männliche Hardbody ist mithin nicht nur ein Ausdruck neoliberaler und neokonservativer Werte, sondern vor allem eine Projektion der Sehnsüchte männlicher Softbodys.

Reaganite Hardbody

Das zeigt sich sehr anschaulich in den Filmen des Schauspielers, Drehbuchautors und Regisseurs, der zu Ronald Reagans Lieblingen gehörte: Sylvester Stallone. In *Rocky* (1976), dem ersten von acht Filmen über den Boxer Rocky Balboa (der letzte, *Creed III*, erscheint voraussichtlich wie dieser Essay 2022), spielt Stallone einen Amateurboxer, der durch die Einladung zum Titelkampf gegen den Champion Apollo Creed die *Chance seines Lebens* bekommt – so auch der deutsche Verleihtitel – und sie für sich zu nutzen vermag. Creed gewinnt zwar knapp nach Punkten, Balboa ist aber der Sieger der Herzen und etabliert sich fortan als Profiboxer, dessen weiteres Schicksal die folgenden Teile des Franchise zeigen. Anfangs ist Rocky der Underdog, aber er arbeitet hart für seinen Erfolg. Große Teile des Films zeigen ihn beim Training: Konditionsläufe durch Philadelphia, Liegestützen im Ring, Sparring mit Schweinehälften, noch mehr Liegestützen im Ring (»You gonna kill«, ruft der Assistent seines Trainers), ein bisschen Techniktraining, noch mehr Läufe und Liegestützen. Im Hintergrund läuft der triumphalistische Titelsong *Gonna Fly Now* von Paul Conti und während die Lyrics immer öfter wiederholen, dass Rocky jetzt abhebt und fliegt (»Flying high now / Gonna fly, fly«), sprintet Rocky die Stufen zum Philadelphia Art Center hoch und reckt siegesgewiss die Fäuste. Diese Szene ist mittlerweile genauso ikonisch geworden wie die Trainingsmontage, die seither in Filmen dieser Couleur die Heldenwerdung des Protagonisten bebildert. Im Ring ist Rocky dann zwar technisch unterlegen (kein Wunder bei dem Training) und auch bei weitem nicht so erfahren wie sein Kontrahent, er verfügt jedoch in überwältigendem Maße über die wichtigste Fähigkeit großer Puncher: Schläge hinnehmen und stehenbleiben. Die Szene, in der er sich das geschwollene Augenlid aufschneiden lässt, um wieder sehen zu können und leidend wie ein Tier nach seiner Liebsten brüllt (»Adrien, Adrien«), gehört vielleicht zu den bewegendsten Momenten des frühen Blockbuster-Kinos. Denn Rocky ist nicht nur ein »Reaganite hard body«, der in sich zentrale kulturelle Elemente der Reagan-Ära vereint, sondern auch ein moderner Schmerzensmann, dessen überragende Leidensfähigkeit den empathischen Blick der Betrachtenden provoziert und so eine tiefere Identifikation mit ihm ermöglicht, als es eine *Rags-to-Riches*-Geschichte mit unversehrtem Helden täte.[9] Das Medium dieses Identifikationsangebots ist Rockys Körper. Er ist der zerschundene Hardbody, ein Jesus Christus der Schlachthöfe. Er leidet stellvertretend für alle weißen Männer und steht stellvertretend für sie wieder auf. Er beweist, dass der amerikanische Traum noch intakt ist und für jeden wahr werden kann, der nur hart genug arbeitet und durchhält. Die liberalen und kommunistischen Softbodys der McCarthy-Ära hatten versucht, das Land zu zerstören, mit ihrer Solidarität und ihren Bürgerrechten, ihrer Bürokratie, ihrem Feminismus und ihren vermeintlich solidarischen Umverteilungsplänen. Auch äußere Feinde hatten das Land geschwächt, der Vietkong, die Kommunisten, die Terroristen und alle anderen, die sich dem amerikanischen Großmachtanspruch entgegengestellt hatten. In den Arbeiten des Hardbodys steht das Land nun wieder auf. In Rockys Konditionsläufen und Liegestützen wächst ihm eine neue Stärke zu. Und mit Rambos Gewehrsalven werden alle seine Feinde niedergemäht. Amerika wird selbst wieder ein Hardbody. Indem das Publikum dem Hardbody bei seiner Arbeit zusieht, kann es dieses Wiedererstarken genießen. Rocky richtet das Land stellvertretend für alle wieder auf, indem er an sich arbeitet; und er beweist, dass der amerikanische Traum vom Glück immer noch für diejenigen gilt, die bereit sind, dafür zu kämpfen. Erfolg bleibt das Resultat harter Arbeit, der Lohn für Stärke und Tugend. Das berechtigt den, der ihn hat, seine Früchte zu genießen. Wer hingegen keinen Erfolg hat, hat ihn deshalb nicht, weil er schwach ist, undiszipliniert und faul. Er hat also auch kein Anrecht darauf, die Früchte des Erfolgs anderer zu genießen. Die sozialen Forderungen der Softbodys sind eine Unverschämtheit. Am besten, man würde diesen »dreckigen Hippies«, wie Dirty Harry sagt, eine Kugel verpassen. Die von Charles Bronson gespielten Rächerfiguren tun das ausgiebig. Ein Patriot sieht rot.

Dabei ist der Hardbody nicht das einzige Mittel zum Erfolg, man braucht auch Verstand und vor allem Charakter – »Ich habe immer geglaubt, dass der Geist die beste Waffe ist«, sagt der Einzelkämpfer John Rambo in *First Blood – Part II* (1985) aber der Körper ist das äußere Zeichen, in dem sich der Verstand und der Charakter seines Trägers zeigen. »Denken Sie an den kleinen Computer-Chip«, sagte Ronald Reagan bei einer Rede vor Studierenden der Moskauer Universität 1988, »sein Wert liegt nicht im Sand, aus dem er gemacht ist, sondern in der mikroskopischen Architektur, die ihm von genialen menschlichen Köpfen gegeben worden ist«.[10] Indem der Mensch die materiellen Bedingungen seiner Existenz bearbeitet, so Reagan weiter, »gestaltet er sein eigenes Schicksal«.

»The mind is primary«, sagt mein Fitnesstrainer. »Es ist der Geist, der sich den Körper baut«, schreibt der Klassiker Friedrich Schiller.[11] Gerade deshalb ist in dieser Perspektive der Körper jedoch so ein verlässliches Zeichen dafür, welcher Geist in ihm weht. Mir der neoliberalen wie neokonservativen Wende in der Politik und Kultur ab den 1980er Jahren wird der Körper zum sichtbaren Zeichen der Freiheit und Stärke, des Erfolgs und der Eigenverantwortung, nicht nur für den Einzelnen, sondern für die ganze Nation. Und er beweist diese Qualitäten, indem er muskulös und mager ist. Das macht ihn frei. Er kann alle Hindernisse aus dem Weg räumen, um seine Ziele zu erreichen. Denn – seine Muskeln verraten es – er ist stärker als alle anderen und hat – wie der ideale Staat – kein Gramm Fett zu viel.

Sylvester Stallone und Dolph Lundgren »müssen viel Zeit im Gym verbracht haben«, sagte Reagan anerkennend zu einer Assistentin, als sie sich vor der Aufzeichnung einer Radioansprache über die schauspielerische Leistung der Hauptdarsteller in *Rocky IV* (1985) unterhielten. Das stimmt vermutlich. Vor allem gefiel Reagan jedoch, dass Rocky seinen russischen Gegner Ivan Drago besiegt (»It was a very happy ending, he beat the Russians«) und so die Überlegenheit Amerikas gegenüber dem Systemfeind bewies.[12]

Auf der Kommandohöhe: Abhärtung durch Schmerz

Mit den *Rocky*- und *Rambo*-Filmen und vielen anderen Blockbustern betritt ein Hardbody die gesellschaftliche Bühne, der dem klassischen Idealkörper sehr ähnlichsieht. Der ästhetische Idealkörper der Klassik wird zum politischen Idealkörper des Neoliberalismus, eine vom Geist des Wettbewerbs ausgezehrte Hohlform schwellender Muskeln. Allerdings erscheinen die neoliberalen Hardbodys nicht ganz so sanft verblasen wie die klassischen. Sie sind von der Anstrengung gekennzeichnet. Adern treten hervor, die Haut glänzt von Schweiß, aus ihm fließt Blut. Der neoliberale Hardbody ist nicht sanft geschlossen, sondern leicht geöffnet. Er kommuniziert nicht über die geschlossene Oberfläche einer trockenen und glatten Haut, in der sich die Sinnlichkeit selbst idealisiert, sondern über die Arbeit, die er an sich und an der Welt verrichtet, sowie den Schweiß, das Leid und die Mühen, die ihn das kostet. Schließlich etabliert er keine Gegenwelt, in die sich seine Betrachter aus ihrer transzendentalen Obdachlosigkeit flüchten können, um die mangelnde Ausgelegtheit ihres Seins in einem künstlichen Paradies des schönen Scheins zu kompensieren. Er fungiert stattdessen als Werkzeug, um die Welt, in der er lebt, zu verändern, um Konflikte zu lösen, um eine bestimmte Ideologie zu verbreiten und die entsprechenden Machtstrukturen zu rechtfertigen. Dafür muss er mit der Welt kommunizieren und sich ihr öffnen. Er tut das in der Arbeit, die er verrichtet, und im Schmerz, den er dabei erleidet. Deshalb glänzt seine Haut von Schweiß. Sie platzt auf unter den Schlägen, die er erleidet. Der Körper bleibt nicht stumm, sondern schreit seinen Schmerz heraus. Es gibt keinen Grund, ihn zurückzuhalten oder zu verschweigen, denn er beweist die Mühen und Qualen, die er auf sich genommen hat und rechtfertigt den Genuss seines Erfolgs. Mit der Verletzlichkeit als Zeichen einer allgemeinen Verbundenheit und Solidarität unter den Menschen haben seine Wunden nichts zu tun. Sie sind vielmehr die Symbole eines faschistischen Regimes der Schmerzen, das den Schmerz sucht, um die eigene Kraft und Härte zu beweisen. Dieser Körper und sein Träger begehren den Schmerz und setzen sich ihm aus, um sich unempfindlich zu machen. Das gelingt durch Disziplin. Sie ist »die Form, durch die der Mensch die Berührung mit dem Schmerze aufrechterhält«, wie der Schriftsteller Ernst Jünger schreibt.[13] Eine Rüstung. Der Hardbody öffnet seinen Körper im Schmerz nur, um ihn umso fester wieder verschließen zu können. Die dabei bewiesene Disziplin ist die Fähigkeit, die Berührung mit dem Schmerz aufrechterhalten zu können, ohne unter ihm zu zerbrechen. »Sei ein Fels, sei stark, keine Schmerzen«, sagt Rockys Trainer zu ihm vor dem Kampf gegen Drago, in dem Rocky fast totgeschlagen wird (*Rocky IV*, 1985). Der Hardbody ist der disziplinierte Körper: Die Disziplin ist es, die ihn abhärtet. Sie ist eine Körperpraxis, die den Körper einsetzt, um ihn unempfindlich zu machen und sich selbst aus der Verwobenheit in das Netz des Lebens, die mit dem Körper gegeben ist, zu befreien. Jünger schreibt:

»Es gibt offenbar Haltungen, die den Menschen befähigen, sich weit von den Bereichen abzusetzen, in denen der Schmerz als unumschränkter Gebieter regiert. Die Abhebung tritt dadurch in Erscheinung, daß der Mensch den Raum, durch den er am Schmerze Anteil hat, das heißt: den Leib, als Gegenstand zu behandeln vermag. Dieses Verhalten setzt freilich eine Kommandohöhe voraus, von der aus der Leib als ein Vorposten betrachtet wird, den der Mensch aus großer Entfernung im Kampf einzusetzen und aufzuopfern vermag. Dann laufen alle Maßregeln nicht darauf hinaus, dem Schmerz zu entrinnen, sondern ihn zu bestehen.«[14]

Leidensfähigkeit heißt Abtötung des Leibes, Verwandlung in einen Körper, eine Res extensa, ein Ding unter anderen Dingen und die Abhärtung dieses Dings in der Auseinandersetzung mit anderen Dingen, heißt Wettbewerb und Askese. Das *Die-Hard*-Franchise (fünf Filme zwischen 1988 und 2013) hat diese Leidensfähigkeit zum Markenzeichen seines Helden gemacht und stellt die Verletzungen, die der Polizist John McClane in seinen Kämpfen gegen Terroristen erleidet, theatralisch aus. McClanes Körper wird im Laufe jedes Films sukzessive zerschunden, bis es keine Körperstelle mehr gibt, aus der er nicht blutet. Dabei nehmen die Verletzungen mit jedem Sequel zu. Am Ende jedes Films schießt McClane völlig blutüberströmt um sich. Ein nicht tot zu kriegendes Stück Fleisch mit unerbittlichem Siegeswillen. Das hat natürlich auch eine ironische Note, die den Schmerz des Helden auf die Schippe nimmt. Sie beweist jedoch nur, wie gründlich sich das Schmerzregime des Hardbodys als Topos des Körperbildes etabliert hat.

In einer schwächeren Form folgen diesem Schmerzregime auch alle jene, die sich selbst auch einen Hardbody erarbeiten möchten. Sie stemmen weiter ihre Gewichte, obwohl ihre Muskeln schon anfangen zu brennen, laufen noch weiter, obwohl ihnen schon die Luft ausgeht, und atmen tief in den Dehnungsschmerz hinein. Das Trainingsprinzip heißt progressive Überlastung, das Motto »Raus aus der Komfortzone«. »Die Menschen suchen im Gym die Herausforderung, die ihnen der Alltag vorenthält«, sagt mein Trainer. »Das Leben ist zu weich und komfortabel geworden. Das lässt die Körper und den asketischen Geist erschlaffen. Aber das Gym hilft ihnen wieder auf die Sprünge. Es ist ein Labor, in dem wir unsere Stärke zurückgewinnen können.« Mit Konditionsläufen, Liegestützen und einem bisschen Sparring erholen wir uns von der »Verweichlichung, die wir durch das bequeme Leben im Wohlfahrtsstaat angenommen haben«, und richten uns wieder auf – wie Rocky, wie Amerika. »Und mit dieser neuen Stärke kehren wir ins Leben zurück, um dort erfolgreich zu sein. Erfolg beruht auf Stärke. Freiheit ist Kraft. Du musst glauben, dass du stark bist, um stark zu sein«, sagt Vodden, »und das Training verleiht dir den Glauben daran«. Pumpen als *make-belief*. Fitness als Beweis der Fähigkeit, sich selbst zu überwinden. In den Worten Jüngers: Einnehmen der Kommandohöhe.

»Schwingende Schwänze« und Jane Fonda – Hardbody Sex

Es ist nicht leicht, mich durch meinen Körper der Anerkennung anderer zu versichern, weil er meinen Gestaltungswünschen einen gewissen Widerstand leistet, der mit dem Alter wächst. Meine Anatomie ist mein Schicksal, das Altern auch. Es ist aber zugleich sehr effektiv, mir über meinen Körper Anerkennung zu verschaffen, denn der Körper ist zugleich etwas Allgemeines *und* etwas Individuelles und erfüllt damit die doppelte Anforderung an meinen Selbstentwurf, der einerseits für andere liebenswert sein und mithin allgemeine Qualitäten haben muss und andererseits mich selbst von anderen unterscheiden und als einzigartiges Individuum kennzeichnen muss – Reckwitz würde sagen: als Singularität. Das tut mein Körper. Als Hardbody (oder in meinem Fall als Dadbody, der die

Balance zwischen Bierbauch und Sixpack hält) verfügt mein Körper über Eigenschaften, die mir allgemeine Wertschätzung versprechen. Als mein Körper stellt er jedoch sicher, dass diese Wertschätzung mir persönlich gilt. Das ist bei den Hardbodys der Blockbuster-Stars ganz ähnlich, denn jeder ist ein *signature piece*, an dem das Publikum den Star erkennt. Der hünenhafte Körper Arnold Schwarzeneggers, der Muskelzwerg Jason Statham, der felsenartige Körper von Dwayne Johnson, der ihm den Spitznamen »The Rock« einbrachte, die enormen Arme von Chris Hemsworth aka Thor, der Gott des Donners usw.: Jeder ist ein Hardbody, aber jeder ist anders. *Same same, but different.* Der moderne Körperkult ist also nicht nur ein Zeichen des modernen Kapitalismus und Materialismus, sondern auch das Ergebnis der vertrackten Anforderungen, die das Ringen um Anerkennung an die Menschen heute stellt, indem es von ihnen verlangt, zugleich etwas Allgemeines und Besonderes zu sein.

In dem Maße, in dem sich das Körperideal des Hardbodys ausbreitet, demokratisiert es sich auch. Heute würde niemand auf die Idee kommen, den Hardbody rein männlich zu kodieren. Die massenhafte Durchsetzung des Ideals ist natürlich ein Erfolg des Kapitalismus, der sexuell indifferent ist und seine Segnungen allen zuteilwerden lässt, die dafür bezahlen können. Der Markt diskriminiert nicht nach Geschlecht oder Hautfarbe, sondern nur nach Liquidität. Frauen gehörten allerdings schon zu den ersten Kundinnen der Fitnessindustrie, die mit einem Homevideo anfing: *Jane Fonda's Workout*, alternativ auch *Workout Starring Jane Fonda*, aus dem April 1982. Es zeigt die Schauspielerin in einer speziell für die Produktion angefertigten Bühnenkulisse bei Aerobic-Übungen in der Begleitung von Tänzerinnen und Tänzern. Fonda hat diese Übungen mit der Trainerin Leni Cazden ausgearbeitet, von der sie diesen Trainingsstil ursprünglich auch erlernt hatte und mit der sie bereits ein Fitnessstudio in Beverly Hills betrieb, in dem die vornehmlich weiblichen Mitglieder aus L. A.s Oberschicht Kurse besuchen konnten, die Fonda zum Teil selbst gab. Bis 1995 wurden einschließlich der produzierten Sequels 17 Millionen Videos verkauft.

Einen weiteren Beitrag zur Auflösung der Fixierung des Hardbodys auf das männliche Geschlecht leistet aber auch die Darstellung des männlichen Hardbodys selbst, die geschlechtlich zunehmend uneindeutig wird. Das zeigt etwa die Inszenierung in der Werbung für Mode und Kosmetik, die sich seiner besonders gerne bedient. Das Modelabel *Dolce und Gabbana* zum Beispiel präsentierte im April 2010 eine Kampagne für seine Unterhosen mit fünf der damals berühmtesten italienischen Fußballspieler, nämlich Antonio Di Natale, Vincenzo Iaquinta, Federico Marchetti, Claudio Marchisio und Domenico Criscito. Die Aufnahmen zeigen die Hardbodys der Spieler in den Designerunterhosen in Reih und Glied vor den Duschen aufgestellt oder auf den Bänken der Umkleide lässig hingestreckt und erstaunen damit die Betrachter. Denn die Inszenierung der Körper widerspricht dem martialischen Bild des Hardbodys, das die Zuschauer aus den Blockbustern kennen. Auch die Körper der Fußballer sind extrem muskulös und mager, ihre Haut glänzt vom Schweiß oder Wasser, sie entbehren aber jeder Aggressivität oder Kampf- respektive Opferbereitschaft. Wenn sie etwas Herausforderndes haben, dann ist es eher erotischer Natur. Sie machen sich selbst zu Objekten der Begierde, wobei es unklar bleibt, wie diese Begierde genau konnotiert ist. Präsentieren sie ihre attraktiven Körper mit dem Versprechen, Männer könnten mit dem Kauf der Unterhosen genauso attraktiv werden? Aber für wen? Für Frauen oder für andere Männer? Die Kampagne lässt das offen. Der Sportjournalist Marc Simpson hat dafür die Begriffe *metrosexuell* und *sporno* geprägt. Metrosexuell meint die bewusste Anreicherung einer männlichen Identität mit weiblichen Attributen, die so weit gehen kann, dass das Geschlecht uneindeutig wird – oder queer, wie der Soziologe Robert Heasley meint. Sporno bezeichnet die Verbindung von Sport und Porno und beschreibt das Phänomen, dass Sportler ihre Körper zunehmend als Sexobjekt inszenieren und dabei auf ästhetische Prinzipien der Pornografie zurückgreifen. Simpson schreibt über die Werbung von Dolce und Gabbana:

>»Die Umkleidekabine nach einem Spiel. Stellen Sie sich die Szene vor (ich weiß, dass Sie es können; ich weiß, dass Sie es schon getan haben). Adrenalin und endorphingeladene, verschwitze Sportler necken sich, klopfen sich grinsend auf die Schulter und schlagen sich auf den Hintern,

umarmen und scherzen miteinander. Öliges, pumpendes, jugendliches, männliches Fleisch. Runde, harte Hintern mit Grübchen, so weit das Auge reicht. Dampf. Schwingende Schwänze.«

Es brauche nur noch einen »billigen Disco-Soundtrack«, so Simpson, um die Szene in einen Schwulenporno zu verwandeln. Aber so weit gehen die Aufnahmen mit den Sportlern nicht. Sie lassen alles Weitere in der Schwebe. Gleichwohl posieren Stars wie »David Beckham und Freddie Ljungberg (der Mann, der tatsächlich so aussieht, wie Beckham denkt, dass er aussieht)« auch in »schwulen Magazinen […] und sie verfolgen, zusammen mit einer ganz neuen Generation junger Männer, von frechen Fußballern wie Alan Smith und Cristiano Ronaldo von Manchester United bis hin zu härteren Kerlen wie Chelseas Joe Cole und AC Milans Kaká, die ihrem Erfolg nacheifern wollen, aktiv ihren Status als Sexsymbol in einer postmetrosexuellen, zunehmend pornografisierten Welt.«[15]

Die Pornografie ist ein Regressionsraum für den Hardbody. Während er im Alltag trockengelegt und verschlossen ist, dürfen hier die Säfte fließen. Der Körper wird geöffnet und alle Löcher werden gestopft. Indes geschieht das alles nur in der Simulation, ohne Körperkontakt mit denen, die immer nur Betrachtende bleiben. Die Darsteller im Porno dürfen genauso wenig berührt werden wie die halbnackten, metrosexuellen Fußballer, die sich selbst zum Objekt der Begierde machen – auch wenn die Betrachter sich das vielleicht wünschen und in ihrer Phantasie vorstellen.

Der Hardbody als Hülle und Spiegel

Die Inszenierung des nackten Körpers folgt der Logik des Striptease. Wer strippt, ist nicht wirklich nackt, sondern er trägt seine nackte Haut wie eine Rüstung, durch die hindurch er nicht berührt werden kann. Seine Bewegungen täuschen die Berührung durch den anderen zwar vor, stattdessen berührt er sich aber selbst – und zwar so, dass damit der Blick und das Begehren des anderen provoziert, aber nie befriedigt werden, weil jede Berührung und Verbindung ausgeschlossen ist. Wer strippt, zieht sich also aus, entblößt sich aber nicht. Auch der nackte Körper bleibt ein Hardbody, fest, geschlossen, ohne Pathos und Response. Er antwortet auf nichts, der Blick des anderen gleitet an ihm ab wie an einem Spiegel. Der Philosoph Jean Baudrillard nennt das eine »zweite Nacktheit«.[16] Die Haut des im zweiten Sinne nackten Körpers ist keine natürliche Haut, sie ist nicht porös, hat keine Ausdünstungen und Exkretionen, sie ist keine erogene Zone, die den Körper auf die Berührung hin öffnet, sondern gleicht einem »Make-up, das alle Öffnungen verstopft«. Sie ist »so geschlossen, glatt und makellos wie möglich, ohne Öffnung, ohne Mangel«. »Immer wieder macht ein transparenter Film den Körper zu Glas«. »Das perfekte Beispiel dafür ist die vergoldete Frau in dem James Bond-Film Goldfinger«, schreibt Baudrillard, weil ihre zweite Haut »aus ihrem Körper einen makellosen Phallus macht«. Phallisch sind die nackten Körper mit zweiter Haut für Baudrillard deshalb, weil sie das Begehren des anderen zwar provozieren, sich ihm aber nicht öffnen und nicht darauf antworten. Sie lassen es an ihrer glatten Oberfläche abgleiten und kastrieren es damit. Das Symbol des Begehrens ist für Baudrillard (nach Vorbild Freuds) der Phallus. Indem der Hardbody das Begehren des anderen zwar weckt, sich ihm aber zugleich verschließt, schneidet er ihm, bildlich gesprochen, den Phallus ab und richtet sich selbst als einen solchen auf: »Ein Szenodrama der Erektion und Kastration«. Erektion, Kastration, Erektion, Kastration usw.: ein Kreislauf des frustrierten Begehrens. Ein Körper, der das Begehren provoziert und sich ihm zugleich entzieht, ist seltsam geschlechtslos. »Um phallisch bewundert zu werden, muss die Nacktheit zur transparenten, glatten, enthaarten Substanz eines wunderbaren und asexuellen Körpers werden.«

Geschlechtslose Körper mit einer makellosen Haut aus Glas, aus dem Stoffwechselkreislauf mit der Natur ausgenommen und zu Objekten des Begehrens gemacht: Das ist die Ästhetik des Hardbodys in »einer Massenkultur der Körper«. Die Provokation und Abweisung des Begehrens, das Fehlen von Pathos und Response, ermöglichen es dem Hardbody zu einer

Ware zu werden, und sie ermöglichen es dem Menschen, der ähnlich begehrt sein will wie die Körper in der Werbung, dieses Ziel zu erreichen. Er muss sich nur selbst auch nach Vorbild dieser Körper entwerfen, sich eine zweite Haut überstreifen, sich dem anderen als Objekt des Begehrens anbieten und sich ihm gegenüber zugleich verhärten und verschließen. Dafür muss er nicht mal nackt sein. Angezogene Körper können diesen Effekt in gleicher Weise haben, wenn sie die richtigen Kleider tragen. Sie verleihen dem, der sie trägt, einen idealschönen Körper, der für den Moment seiner Erscheinung der Zeit enthoben und aus dem Kreislauf der Natur herausgenommen ist, ein Körper-als-ob – wie der Hardbody der Klassik. Mode, sagt ihre Theoretikerin Barbara Vinken, ist ein »Vorschein der Ewigkeit«, ein Idealismus der Körper unter verschärften Bedingungen – verschärft, weil sie auf der Einsicht beruht, dass wir nicht alle wie eine griechische Statue aussehen. Wir hüllen uns in Kleider, um das Schicksal unserer Anatomie zu korrigieren. Modische Kleidung hebt unsere Vorzüge hervor und versteckt die Schwachpunkte, »um optisch der Vollkommenheit der Statue, den klassischen Idealmaßen möglichst nahe zu kommen«. »Die vollkommene Allegorie dieser Mode ist deshalb ein makelloses, sehr junges Mädchen, eine moderne, minimalistische Jungfrau, schmal, in Weiß gekleidet und der Dinge harrend, die da kommen«. Das ist der Hardbody der Jungfrau Maria nach den Kriterien einer formalen Ästhetik der Körper in der Massenkultur. Kleider sind hier eine zweite Haut, eine »oberflächliche Hülle des Selbst«.[17] Indem wir sie anziehen, verwandeln wir uns in eine ausgezehrte Hohlform des Geistes.

Ein anderes Mittel, um unseren Körper in einen Hardbody zu verwandeln, sind die Filter, die wir für Fotos benutzen. Virtuelle Schminke, die wir nicht über unseren physischen Körper legen, sondern seine virtuelle Repräsentation – und nicht nur über den Körper, sondern auch über das Gesicht, das genauso Teil des Hardbodys ist und gleichfalls phallisch sein kann, indem es sich zum Objekt des Begehrens macht und dieses Begehren an seiner zweiten Haut abprallen lässt. Der fotografische Filter verleiht Körper und Gesicht das gewünschte Aussehen und lässt es so begehrenswert erscheinen. Er tut dies jedoch, indem er sich wie eine Haut aus Glas darüberlegt und die Verdinglichung des Körpers forciert. Dass der Hardbody ein Ding unter anderen Dingen ist, nur eine weitere Res extensa im Warenhaus der Welt, wird kaum je so explizit wie auf den gefilterten Fotos in den digitalen Medien. Denn hier ist die oberflächliche Hülle des Selbst besonders undurchdringlich und die Möglichkeit der Berührung völlig ausgeschlossen. Beim physischen Hardbody ist diese Möglichkeit zumindest theoretisch noch vorhanden und lässt glauben, dieser Körper könnte durch den Kontakt erlöst, seine Spaltung in Körper und Geist könnte in der Berührung aufgehoben und der Leib restituiert werden. Die digitalen Hardbodys aber sind Verdammte, untote Quasikörper, dazu verurteilt, ihr stumpfes Restleben in den endlosen Kopiervorgängen des Internets für immer fortsetzen zu müssen.

Wie trostlos und verletzend das ist, führen zum Beispiel die Aufnahmen vor Augen, die der englische Fotograf Jon Rankin 2019 von Teenagern gemacht hat und von Letzteren so bearbeiten ließ, dass sie bereit waren, die Bilder in den sozialen Medien zu veröffentlichen. Rankin zeigt das bearbeitete Bild jeweils neben seiner Aufnahme. Die Gesichter führen eindringlich vor, was es heißt, sich mit Filtern eine zweite Haut überzuziehen. Sie erscheinen viel glatter und ausgezehrter, schmaler auch hagerer. Die Haut ist noch makelloser. Keine Poren, Pickel oder Falten. Perfekte Glätte, eine Oberfläche wie aus Glas. Aber bestimmte Merkmale, die das Gesicht besonders begehrenswert erscheinen lassen, sind hervorgehoben. Die Lippen sind voller und leuchtender, Baudrillard würde sagen: erigiert, und die Augen sind größer und heller. »Aber die raffiniert zurechtgemachten Medusen-Augen sehen niemanden an«, sie wollen gesehen werden, »doch ihr Blick fällt auf nichts«.[18] Rankin hat der Arbeit den Titel *Selfie Harm* gegeben, weil sie zeige, wie zerstörerisch das Ideal des Hardbodys auf das Selbstbild vieler Menschen wirkt. Sie finden sich selbst nicht so schön, wie sie sind, sondern meinen, sich verändern zu müssen. Ich sehe das anders. Die Einsicht, nicht einfach *für sich* liebenswert zu sein, sondern sich als jemanden zeigen oder zu jemanden machen zu müssen, der *für andere* liebenswert ist, ist, wie ich an anderer Stelle ausgeführt habe, eine wichtige Lektion, die die sozialen Netzwerke ihren Benutzern zuteilwerden lassen.[19] Sie zwingen sie nämlich, sich selbst ein Stück weit fremd zu werden, sich mit den Augen des anderen zu sehen und in Beantwortung der Frage, wie sie erscheinen wollen, nicht von sich selbst auszugehen, sondern vom anderen. Das sozialisiert sie. Sie müssen sich fragen: Wie könnte ich dem anderem so gegenübertreten, dass ich für ihn liebenswert bin? Dazu müssen sie herausfinden, was dem anderen wichtig ist, was für ihn Bedeutung hat. Das Problem mit den Selfies ist also nicht die grundsätzliche Selbstverfremdung, sondern die Art und Weise, wie diese Selbstverfremdung vollzogen wird: über die Konstitution eines virtuellen Hardbodys. Denn dieser Körper verschließt sich gerade jeder Fremderfahrung, er öffnet sich nicht, sondern er verhärtet sich. Er provoziert das Begehren des anderen nicht, um es zu befriedigen, sondern um es an sich abprallen zu lassen. Er will gesehen werden, ohne den anderen zu sehen, begehrt werden, ohne selbst zu begehren, anerkannt werden, ohne selbst Anerkennung zu zollen. Damit tappt er in die Falle des Narzissmus.

Ein narzisstischer Charakter sucht in den anderen nur die Bestätigung seiner selbst. Er instrumentalisiert sie, um sich in ihren Reaktionen auf seine Erscheinung zu spiegeln. Diese Reaktionen befragt er daraufhin, ob sie sein prekäres Selbstwertgefühl bestätigen oder nicht. Andere Aspekte der Beziehung treten hingegen in den Hintergrund. Der andere hat für den Narzissten nur insofern Bedeutung, als er ihn bestätigt. Was für den anderen selbst wichtig ist, ist uninteressant.[20]

Das hat gravierende Konsequenzen, sowohl für den Narzissten als auch für die Gesellschaft. In einer Gesellschaft, in der sich jeder zunehmend nur noch selbst im Blick hat und das eigene Empfinden und Erleben immer wichtiger werden, können Fragen des Gemeinwohls und öffentlichen Interesses nur eine Nebenrolle spielen. Umso wichtiger den Menschen die unmittelbare Bestätigung wird, desto schwieriger fällt es ihnen, ihre Impulse zu kontrollieren und Belohnung aufzuschieben. Das sind jedoch die Voraussetzungen dafür, moralisch handeln und solidarisch sein zu können.[21] Auch für den Narzissten ist es frustrierend, in einer Gesellschaft von Narzissten zu leben, denn diese verlangen – wie er –, vom anderen bestätigt zu werden, ohne diese selbst bestätigen zu wollen. Das kann bestenfalls zum Reflexivwerden der Anerkennung führen, insofern der eine den anderen dafür schätzt, dass dieser ihn schätzt, ihn dafür begehrt, dass er ihn begehrt. Aber auch das ist frustrierend, weil die Narzissten schnell realisieren, dass die Anerkennung des anderen letztlich nicht ihnen gilt, sondern darauf gerichtet ist, die Anerkennung des Anerkannten für sich selbst zu erhalten. Im Versuch, das Begehren des anderen zu provozieren und zu kastrieren, kastrieren sie sich gegenseitig.

In diesem Zusammenhang steht auch ein Teil der gestiegenen Sensibilität und Empfindsamkeit. Sein prekäres Selbstbewusstsein nötigt den Narzissten, sich in den Reaktionen der anderen auf ihn zu spiegeln und sich zu fragen, ob sie ihn in seiner vermeintlichen Liebenswürdigkeit bestätigen oder nicht. Dieser Abgleich verläuft über das Gefühl, denn ein Gefühl drückt aus, wie der Mensch sich selbst sieht, wie er die Welt sieht und welche Wünsche er damit verbindet. Gefühle, sagt die Philosophin Sabine Döring, repräsentierten und bewerteten die Welt in Beziehung dazu, wie sie sein sollte.[22] Deshalb sind Narzissten so sensibel. Sie achten peinlich genau darauf, ob sich die Welt so anfühlt, wie sie sein soll. Döring nennt das eine *ought-to-be*-Relation. Da auf dieser prekären Kongruenz zwischen den Wunschvorstellungen sich selbst und die Welt betreffend und der Art und Weise, wie die Welt in ihrer emotionalen Bewertung erscheint, ihr gesamtes Selbstwertgefühl basiert, reagieren Narzissten so empfindlich auf jede Störung. Das heißt aber nicht, dass sie in irgendeiner Weise pathisch und responsiv wären, denn die Fremdheit des anderen geht in dessen Identifikation mit den eigenen Wünschen und Ansprüchen (dem *ought-to-be*) vollständig unter. Sie sind nur ein besonders empfindlicher Hardbody. Ihre Haut aus Glas ist ein zerbrechlicher Spiegel.

Zählbare Körper

Der Hardbody kommt der Ästhetik digitaler Körper besonders entgegen, denn auch die digitalen Körper sind glatt und hart. Sie verletzen nicht und von ihnen geht kein Widerstand aus. Digitale Körper lassen sich einfach kopieren und distribuieren. Sie sind reine Oberfläche, Körper ohne Tiefe und Geheimnis. Damit ähneln sie dem klassischen Hardbody, den wir uns nach der – oben bereits zitierten – Formulierung Hogarths so vorstellen sollen, nämlich: »als ob alles, was inwendig darinnen ist, so rein herausgenommen sey, daß nichts, als dünne Schale, übrig geblieben, welche sowohl in ihrer innern, als äußern Fläche, mit der Gestalt des Gegenstandes übereinkömmt.«

Digitale Körper sind quantifizierbar, ein Datensatz. Mein Dadbody ist das auch. Ich kenne meine Trittfrequenz beim Radfahren, weiß, wie viele Schritte ich heute gelaufen bin und wie viele Kalorien ich dabei verbrannt habe. Meine Uhr misst alle fünf Minuten meinen Puls und erinnert mich, wenn ich mal wieder vom Schreibtisch aufstehen und tief Luft holen sollte. Das Fitnessprotokoll, das den Hardbody formt, verwandelt ihn in einen digitalen Datensatz, eine Sammlung von Informationen wie jeden anderen digitalen Körper auch. Diese Nähe ist schon vielfach beschrieben worden. Es gibt aber noch eine größere und grundsätzlichere Beziehung zwischen dem Hardbody und der digitalen Kultur des Zählens, der der Hardbody viel näher steht als einer leiblichen Kultur des Verstehens. Er öffnet sich der Information mehr als dem Sinn.

Die Erfahrung von Sinn stellt sich ein, wenn wir etwas verstehen. Wissen besitzen wir hingegen, wenn wir informiert werden. Information geschieht in eine Richtung: Der Sender vermittelt die Information, der Empfänger wird informiert und weiß dann etwas. Informationen lassen sich zählen, sie sind quantifizierbar. Informationen können überall getauscht werden, wo Kommunikation möglich ist. Auch Hardbodys können informiert werden. Verstehen können sie aber nichts, denn das Verstehen ist ein dialogischer Prozess, ein lebendiges Gespräch, und setzt den Leib voraus. Ich komme darauf zurück.

Hardbody und Altern

Solange ich mich selbst im Spiegel anschauen und den Eindruck aufrechterhalten kann, mein Körper sei noch kräftig und fest, ein jugendlicher Hardbody und kein alternder Softbody, kann ich mein Altern verleugnen und die damit verbundenen Verlusterfahrungen abwenden. Mit zunehmendem Alter und zunehmendem körperlichen Verfall gelingt mir das jedoch immer weniger. Manchmal schaudert es mich, wenn ich mich im Spiegel betrachte. Die Haut ist grau und faltig, das Fleisch welkt, ich sehe morgens schon müde aus. Das erschreckt mich, weil das Bild, das ich im Inneren von mir all die Jahre mitgetragen habe, das Bild eines jungen Mannes ist. Wenn ich irgendwo meinen Namen geschrieben lese, denke ich an mich selbst als jungen Mann. Wie neulich im Internet. Doch als ich auf den Link klickte und zu einem Video weitergeleitet wurde, in dem ich einen Vortrag halte, erkannte ich mich selbst nicht wieder. Ich wusste, dass ich den Vortrag gehalten hatte und erinnerte mich an die Worte, die ich gesagt hatte, aber dieser fast hundert Kilo schwere Sack aus Haut, Fleisch und Knochen, der sich da am Pult festhielt und aus meinem Buch vorlas, das war ich nicht.

Ein Grund für diese Selbstentfremdung, sagt der Schriftsteller Jean Améry in seinem Essay *Über das Altern* (1968), ist die Abwehr des Welt- und Selbstverlusts, die mit dem Altern einhergehen. Wenn wir jung sind, haben wir noch viel Zeit vor uns und erst wenig hinter uns. Wenn wir Zeit aber nicht abstrakt-theoretisch verstehen, sondern phänomenologisch, als gelebte Zeit – *temps vécu*, wie Amérys Gewährsmann Marcel Proust sagt –, erkennen wir, dass die Zukunft, die wir vor uns haben, eigentlich keine Zeit ist, sondern Raum und Welt. Sie ist ein offenes Feld der Möglichkeiten, den Raum zu durchschreiten und die Welt zu erobern. Gelebte Zeit ist nur die Vergangenheit, das Leben, das wir hinter uns haben. Wenn wir älter werden, vergeht also eigentlich nicht die Zeit, sondern der Raum. Wir sammeln immer mehr gelebte Zeit in uns an und haben immer weniger Raum vor uns. Unsere Möglichkeiten schwinden. Altwerden heißt, mehr Möglichkeiten hinter sich zu haben als vor sich. Der Brunnen unserer Erinnerung wird von Tag zu Tag tiefer, der Raum, der noch vor uns liegt, unsere Potenz, wird kleiner. Das sagen uns auch die anderen. Es gibt in jedem Leben den Punkt, an dem wir bei den anderen keinen Kredit mehr haben. Sie sehen uns dann nicht mehr daraufhin an, was wir noch werden können, sondern nur noch daraufhin, was wir waren und was wir sind. Auch davor soll der Hardbody schützen. Solange wir ihn bewahren, werden wir noch nicht zu den Akten gelegt. Wir dürfen noch hoffen. »S ist (noch) nicht P«, hatte der Philosoph Ernst Bloch in seiner Jugend über *Das Prinzip Hoffnung* (1954) geschrieben.[23] P, die Prädikate und Eigenschaften, die ein Subjekt S ausmachen, stehen noch nicht fest. Der Mensch kann noch etwas werden. Wenn wir alt aussehen und alt sind, ist das vorbei. Das Wirkliche besiegt das Mögliche. Was war, überwiegt was ist oder noch kommen könnte. Die Vergangenheit verschluckt die Gegenwart und Zukunft. Der Raum zieht sich zusammen, die Welt wird eng und drückt mich aus sich heraus. Um das zu ändern, müsste ich die Zeit umkehren, das Geschehene ungeschehen und das Nichtgeschehene möglich machen – und ebendas ist nun allerdings nicht möglich. Wie gehe ich damit um? Améry sagt, es gäbe zwei Möglichkeiten, »Resignation oder Revolte«. Wenn ich resigniere, schreibt Améry, »richte ich mich ein in einer Welt, die ich anders gewollt hatte, aber die ihrerseits mich anders gewollt hatte und im sehr ungleichen Kampf den Sieg davontrug.«[24] Améry hat das nicht getan. Er wollte das »tragische Ungemach« des Alterns nicht hinnehmen und hat – das war seine Revolte – sich selbst das Leben genommen.

Eine sanftere Revolte ist es, sich selbst in einen Hardbody zu verwandeln. Der Hardbody stemmt sich gegen das Altern und versucht möglichst lange gesund und stark zu sein, damit wir glauben, nicht nur Zeit hinter, sondern auch noch Raum vor uns zu haben und weiterhin in die Welt zu passen. Die ursprüngliche Bedeutung des Wortes Fitness, als eines Passens in die Welt, hat sich hier erhalten. Die individuelle Konstitution des Hardbodys ist also eng mit dem Wunsch verbunden, weiterhin in die Welt zu passen und mit sich selbst identisch zu sein. Es ist der Versuch, sein Bleiberecht in der Welt gegen alle Widerstände zu behaupten und der zu bleiben, der man war. Diese Selbstbeharrung hat jedoch einen hohen Preis. Sie ist wie Land, das dem Meer abgetrotzt wurde und doch wieder aufgegeben werden muss, weil sich kein Hardbody auf immer halten lässt. Der körperliche Verfall lässt sich (bislang) nur verzögern, aber nicht verhindern. Wenn er dann kommt, bricht er brutal herein wie eine Sturmflut, denn mit der Selbstbeharrung lasse ich mir die Chance entgehen, mich im Verfallen langsam selbst loszuwerden.

Die Kunst der Erschlaffung

Das wäre eine dritte Reaktion: Nicht resignieren oder revoltieren, sondern heiter und gelassen das Unvermeidliche hinnehmen. Irgendwann müssen wir uns selbst gehen lassen, das Unvermeidliche annehmen. Nietzsche nannte das den »*russischen Fatalismus*, jenen Fatalismus ohne Revolte, mit dem sich ein russischer Soldat, dem der Feldzug zu hart wird, zuletzt in den Schnee legt.«[25] Erschlaffenkönnen heißt, das Unvermeidliche hinzunehmen und sich in kleinen Schritten von sich selbst zu verabschieden. Es ist eine Regression in Zeitlupe. »O daß wir unsere Ururahnen wären«, träumt der Dichter Gottfried Benn in seinen Gesängen, »Ein Klümpchen Schleim in einem warmen Moor. / Leben und Tod, Befruchten und Gebären / Glitte aus unseren stummen Säften vor.«[26] Ohne Resignation und Revolte alt werden heißt, sich in Humus aufzulösen, sich versinken zu lassen und diese große Erschlaffung zu genießen. »Lasse dich doch versinken / dem nie Endenden zu«, ruft Benn.[27] Altwerden ist die Verwandlung von Masse und Energie. Der alte Körper wird schwer, versinkt in die Erde und löst sich in ihr auf. Er diffundiert in das Netz des Lebens. Die Künstlerin Alicja Kwade hat von sich ein *Selbstporträt* (2021) angefertigt, das aus 24 Glasphiolen besteht, welche die chemischen Elemente enthalten, aus denen der menschliche Körper besteht: Sauerstoff, Kohlenstoff, Wasserstoff, Stickstoff, Calcium, Phosphor, Kalium, Schwefel, Natrium, Chlor, Magnesium, Eisen, Fluor, Zink, Silizium, Brom, Kupfer, Selen, Mangan,

Jod, Nickel, Molybdän, Chrom und Kobalt. Wir wissen, dass das Leben auf der Erde ganz ähnlich begonnen hat. In eine Ursuppe aus Wasser und Chemikalien schlägt der Blitz ein, Aminosäuren bilden sich, Leben entsteht. Altwerden macht die energetische Aufladung der Materie rückgängig und lässt den Körper zerfallen, während das Leben aus ihm entweicht. Der Hardbody stemmt sich dagegen, indem er den Körper immer neu mit Energie auflädt. Die Konditionsläufe und Liegestützen, das Gewichtheben und Turnen sind Versuche, die Spannung zu halten. Sie laden die Masse energetisch auf, damit sie nicht vergeht – und mit ihr das Ich. Dafür muss sich der Hardbody jedoch nicht nur aus dem Stoffwechsel mit der Natur befreien, sondern auch gegen den anderen verhärten. Der Preis dafür, nicht sterben zu wollen, ist, allein leben zu müssen. Der heitere Alte wählt hingegen den grotesken Körper. Er nimmt den Zerfall an, gibt sich genussvoll dem Spiel von Werden und Vergehen hin und gewinnt damit nicht nur die Möglichkeit, entspannt sterben, sondern auch mit anderen leben zu können.

II.
Wie können wir den Hardbody überwinden?

Die Überwindung des Hardbodys hin zu einem weicheren und offeneren Körper ermöglicht uns nicht nur, das unvermeidliche Altern besser zu ertragen. Softe Körper können auch eine neue Solidarität stiften. Das beste Mittel dazu wäre eine realistische Rückkehr des grotesken Körpers – nicht des offenen Riesenleibes aus dem Karneval, dem die Gedärme raushängen, sondern die Freude an der einvernehmlichen körperlichen Entgrenzung und Verbindung, die gelassene Hinnahme des Verfalls und der Kreatürlichkeit, die Restitution des Körpers in den Kreislauf der Natur und die Einsicht in die Verbundenheit jedweden Lebens – inklusive der ethischen Konsequenzen, die das zeitigt: ein *Grotesque Body Positivity Movement*. Doch der Hardbody lässt sich nicht so einfach gegen ein anderes Körperbild austauschen. Zu eng ist er mit verschiedenen Institutionen und Strukturen unserer Gesellschaft verzahnt. Dazu zählen, wie wir gesehen haben, die zivilisatorische Kontrolle unseres Körpers und unserer Gefühle, die bürgerliche Lebens- und Arbeitsweise, die biopolitische Bewirtschaftung des Lebens im modernen Massenstaat, die kapitalistische Arbeits- und Produktionsweise, die neoliberale und neokonservative Ideologie, die Warenästhetik des Körpers und die epidemische Ausweitung des Narzissmus, der kulturelle Einfluss digitaler Medien und der Wunsch moderner Menschen nach Einzigartigkeit und ewigem Leben. Sie alle stehen dem Ersetzen dieses Körperbildes im Wege. Deshalb schlage ich vor, den Hardbody von innen auszulösen, wofür ich an verschiedene körperpolitische Bewegungen anknüpfen kann.

Ekelspiele

Ein Strang bemüht sich um eine neuerliche Öffnung der Körper. Dazu gehören etwa Menstruationstassen, die die Regelblutung von der Scham befreien, mit der sie eine zivilisatorische Körperkontrolle belegt hat, oder die Plädoyers für mehr Scham- und Achselhaare und dergleichen mehr. Sie reaktivieren Elemente des grotesken Körpers – zum Teil in einer bewussten Provokation etablierter Ekelempfindungen –, um einer Reihe von Verlusten entgegenzuwirken, die mit dem Regime des Hardbodys verbunden sind. Ein populäres Beispiel dafür ist Charlotte Roches Roman *Feuchtgebiete* (2008), dem überdies das Verdienst zukommt, den im Kulturprozess verekelten Zusammenhang zwischen Fäkal- und Sexualreiz wieder zu betonen. Roches *Feuchtgebiete* stehen in der Tradition einer modernen Schockästhetik, die starke Reize aufruft, um den Ekel an einem Alltag zu überwinden, der von allem Ekelhaften befreit worden ist. In dieser Linie stehen Philosophen wie Friedrich Nietzsche und Georges Bataille oder der Dichter Charles Baudelaire. Baudelaire stellt fest, dass die Verbannung alles Ekelhaften das Leben trockengelegt, stumpf und öde gemacht habe. Wir sind seiner überdrüssig. »Vertrocknete sind wir«, heißt es etwa im Gedicht *An den Leser* (einleitend in *Les fleurs du mal*, 1857).

> »Das Metall der Willenskraft verglüht / [...]
> Und wie von Würmern, die sich wimmelnd drängen,
> Wird von Dämonen unser Hirn verschlungen,
> Mit unserm Atem fließt in unsre Lungen
> Der unsichtbare Tod mit dumpfen Klagesängen.«

Dieser unsichtbare Tod ist die Langeweile, der Lebensüberdruss: »C'est l'Ennui!«[1] Der Ennui ist Ekel vor dem ekelfreien Leben. Um ihn zu überwinden, sollen starke Reize her. Wir finden diese Freude am Ekelhaften in Roches Fäkalphantasien genauso wieder wie in den Ekelproben des Dschungelcamps. Der Effekt dieser Ekelspiele ist allerdings marginal, denn starke Reize nutzen sich schnell ab. Beim ersten Mal kann der Anblick eines Menschen, der Känguruhoden isst, noch schockieren, beim dritten Mal langweilt er schon. Macht der Gewöhnung. Diesen Verschleiß der Schockwirkung bemerken auch Baudelaire und andere Neuverekler, die deshalb argwöhnen, dass die Schocktherapien den Ekel vor dem Leben nicht aufheben, sondern letztlich steigern und damit Nihilismus, »Selbstmord« und einen »Willen zum Untergang« fördern, wie Nietzsche schreibt.[2]

Exzess

Deshalb geht Georges Bataille einen Schritt weiter und schlägt vor, mit einem schönen Körper hässliche Dinge zu tun und sich im Exzess zu verausgaben, um den Ennui zu überwinden. Eine Überwindung des Hardbodys in Richtung größerer Solidarität ist davon allerdings auch nicht zu erwarten, denn insoweit der Exzess »*libidinöse* Instinkte freisetzt, sind diese sadistischer Natur«, wie Bataille schreibt.[3] Bataille lobt den »Schlächter im Schlachthaus« und den »wohltuende[n] Wert der schmutzigen, blutigen Taten«[4]. »Nichts ist für einen Mann deprimierender als die Häßlichkeit einer Frau, neben der die Häßlichkeit der Organe und des Geschlechtsakts nicht mehr hervortreten. Die Schönheit ist in erster Linie deshalb wichtig, weil die Häßlichkeit nicht beschmutzt werden kann«.[5] Ebendarum geht es Bataille jedoch, er will – in der erotischen Phantasie – das Schöne beschmutzen, die Körper auseinandernehmen, ihr Inneres nach außen kehren. Dafür kommen nur junge, schöne Frauen infrage, weil er alte hässlich findet. Geschlechtsorgane sind für Bataille immer abstoßend – da empfindet er ganz klassisch – aber nichts ist für ihn abstoßender als die »Geschlechtsteile [...] einer fetten, alten Frau«[6]. Sie lassen ihn an Menstruationsblut und Tod denken und versetzen ihn dermaßen in Angst und Schrecken, dass er sich zur Demütigung der Frau nicht mehr ermannen kann. Gegenüber schönen jungen Frauen, Hardbodys wie Bateman sagen würde, ist das anders. Wenn er sie entblößt und ihre gemäßigt hässlichen Geschlechtsorgane sichtbar macht, entsteht schon der erste Kontrast zu ihrer Schönheit. Und dann legt er richtig los. Sein Eros ist eine transgressive Gewalt. Er will die jungen schönen Frauen verletzen und erniedrigen, um sich zu rächen. Er hat das Gefühl, dass sein Leben grau und öde ist. Es verlangt von ihm die permanente Kontrolle der Affekte. Ständig muss er »die Pobacken zusammenkneifen«, wie Cary Grant sagte, und deshalb will er sie jungen Mädchen auseinanderreißen und die »anale Sonne« scheinen lassen. Im Zusammenhang damit kehrt auch Quevedos Bild vom zyklopischen Auge des Anus wieder, über das ich im Zusammenhang mit Rabelais und den grotesken Körpern gesprochen habe (Kap. I.2.): »Das Zirbelauge«, schreibt Bataille, »entspricht vermutlich der analen […] Vorstellung, die ich mir ursprünglich von der Sonne gemacht hatte und die ich damals in einen Satz faßte wie ›der unberührte Anus … nichts blendet so sehr wie er, außer der Sonne‹«.[7] Allerdings ist der groteske Körper, in den Bataille den Hardbody zerlegen will, keiner, der lacht, sondern einer, der weint.

Batailles Zerstörungswut gegenüber dem schönen Körper rührt daher, dass er diesen Körper – auch darin empfindet er ganz klassisch – als Symbol des Geistes ansieht, der ihn zur Sublimierung seiner Triebe zwingt. Um diese zu befreien, muss er den Hardbody zerstören. Das geschieht durch eine Überschreitung, die das wieder sichtbar macht, was ihm ausgetrieben worden war – das Ekelhafte und Tabuisierte. Das Muster dieser Zerstörung ist die Überschreitung des Tabus im religiösen Ritus, etwa dem Trinken des Blutes. Während dieser jedoch etwas Unreines in etwas Heiliges verwandelt, verwandelt der Exzess etwas Schönes in etwas Ekelhaftes, den geschlossenen Hardbody in einen dekomponierten Softbody. Aber so wie die Überschreitung des Tabus im Ritus das Heilige nicht zerstört, sondern befestigt, kann auch der Exzess den Hardbody nicht überwinden. Er bestätigt ihn genauso wie die klassische Ästhetik, die ihm zugrunde liegt. Der Hardbody ist schön, die Lust ist ekelhaft. Die dionysische Ausschweifung bleibt eine kleine Eskapade. Sie bestätigt die Ordnung, gegen die sie antritt.

Diese Schaukelbewegung teilt der Exzess mit der Ekstase, in der sich auch der Hardbody des Täters auflöst. Die Ektase durchbricht die etablierte Ordnung gewaltsam und befreit das Bewustsein von seinem Bezug auf ein Objekt. Der Mensch wird zum Tier. »Das Tier ist in der Welt wie das Wasser im Wasser«, sagt Bataille.[8] Es ist das Selbstgefühl einer reinen Immanenz und Intimität, das nicht nur in religiösen Riten gesucht wird, sondern auch in modernen Praktiken der Selbstüberschreitung und des Exzesses. Diese Exzesse müssen nicht sexuell sein, wie bei Bataille, sondern können auch andere Kräfte der Transgression nutzen, zum Beispiel die Musik, die ebenfalls die Fähigkeit besitzt, die »Verfestigung und Versteinerung des Lebensgefühls zu bekämpfen«, wie der Philosoph Tristan Garcia in seinem Buch *Das intensive Leben* (2016) schreibt, weil sie den, der sich ihr hingibt, in »einer Bewegung ohne Träger« aufgehen lässt.[9] Und es ließen sich noch weitere Formen nennen, denn das intensive Leben, in dem wir uns auflösen und entgrenzen, ist eine moderne Obsession mit vielen Gesichtern. Die Ekstasen vermitteln dem Menschen das Gefühl, ein Lebewesen unter anderen Lebewesen zu sein, wobei jedes einzelne Lebewesen der fließende Teil eines bewegten Ganzen ist, das im Hier und Jetzt aufgeht. Wer sich selbst überschreitet, löst sich auf in einem allgemeinen Werden und Vergehen. Er steigt auf wie »eine Welle, die aus bewegtem Wasser aufbraust und ihren Gipfel erreicht, um sich dann wieder unterschiedslos in anderen, stärkeren Wellen zu verströmen.«[10] Das Leben offenbart sich ihm als ein Aufsteigen und Versinken, ein immerwährender Kreislauf von Geburt und Tod, Zeugen und Sterben, Fressen und Gefressen werden. Es wälzt sich fort und erneuert sich, »indem es sich selbst und andere verschwendet«. Die Verbindung zum Kreislauf des Lebens, wie es die grotesken Körper artikulieren, ist unüberhörbar. Wie der groteske Körper, den Bachtin mit einer Schaukel vergleicht, weil in ihm Geburt und Tod, Werden und Vergehen, Himmel und Erde zusammenfließen, folgt auch die Entgrenzung im Exzess einer Schaukelbewegung.[11] Denn der Mensch befreit sich in der Ekstase aus der tradierten Ordnung und erhebt sich im Selbstgefühl der exzessiven Erfahrung zu schwindelnden Höhen, um dann in den allgemeinen Strom des Lebens desto tiefer einzutauchen. Eine Wellenbewegung. Aber keine Ekstase dauert ewig. Am Ende steht der Hardbody genauso fest da wie zuvor.

Grotesque Body Positivity

Den meines Erachtens vielversprechendsten Vorschlag zur Überwindung des Hardbodys macht die Body-Positivity-Bewegung. Sie versucht, das Ideal des Hardbodys durch den Softbody abzulösen oder zu ergänzen. Sie fordert die Wertschätzung aller Körper, ganz gleich, wie sie aussehen und was sie tun oder leisten können, welches Geschlecht, welche Ethnie oder welche sexuelle Orientierung sie haben. Dabei geht es darum, den Rahmen zu verändern, in dem gesellschaftliche Anerkennung gewährt wird, und darum, andere Quellen für eine positive Beziehung zum eigenen Körper zu erschließen – etwa die, dass der Körper die Quelle vielfacher körperlicher Freuden ist, deren Genuss uns ermuntern sollte, uns radikal selbst zu lieben und uns von allem zu befreien, was uns daran hindert, wie die Philosophin Céline Leboeuf vorschlägt.[12]

Vor allem der erste Aspekt kann nicht hoch genug wertgeschätzt werden. Denn die herrschenden Schönheitsideale und Körperbilder wie zum Beispiel der Hardbody definieren einen diskursiven Rahmen, innerhalb dessen Menschen für ihren Körper anerkannt werden oder nicht. Das heißt, dass Menschen, deren Körper aus diesem Rahmen herausfällt, gar keine Chance auf Anerkennung haben. Ihr Körper ist, wie Judith Butler sagt, nicht anerkennbar, weil er den grundlegenden Rahmenbedingungen nicht entspricht, innerhalb derer Anerkennung überhaupt möglich ist.[13] Diese Erfahrung machen nicht nur dicke oder behinderte Menschen, sondern alle Menschen, deren Körper eine andere Form oder Farbe hat oder sonst wie anders beschaffen sind. Judith Butler betont dabei, dass die Anerkennung diesen Menschen aus ethischen Gründen nicht verweigert werden dürfe, da es sie nicht nur abwertet, sondern aus der

Gesellschaft ausschließt. Ohne Anerkennung fehlt uns nicht nur Wertschätzung, wir haben überhaupt keine »soziale Existenz« und können uns mithin gar nicht als Individuum konstituieren. Deshalb sei Anerkennung etwas, dass wir nicht nicht-wollen können, so Butler.[14] Und deshalb wollen die Anhänger der Body Positivity sie für alle Körper und sie fordern das zu Recht.

Es liegt auf der Hand, dass eine Gesellschaft, die weniger Menschen ausschließt und diskriminiert und mehr Menschen die Möglichkeit gibt, ein Selbstbewusstsein auszubilden und eine Rolle zu spielen, auch eine solidarischere Gesellschaft ist. Das gilt vor allem für den Körper, denn mit nichts anderem stehen wir so in der Öffentlichkeit wie mit ihm. Und bei keinem anderen gesellschaftlich angestrebten Ideal ist es so offensichtlich, ob wir ihm entsprechen, wie bei unserem Körper. Jeder sieht ihn. Das macht es so leicht, für einen schönen Körper bewundert zu werden. Das macht es jedoch genauso leicht, für einen nicht-schönen Körper beschämt zu werden, denn: Jeder sieht ihn und Scham setzt voraus, dass wir auf eine bestimmte Art und Weise gesehen werden – oder besser gesagt, uns gesehen fühlen. Scham bezeugt die Erfahrung einer Fremdbewertung, der man sich nicht entziehen kann. »Man sieht mich!«, sagt Sartre. Wir fühlen uns erblickt, aber nicht so, dass unsere Beziehung zu uns selbst gestärkt werden würde – wie das bei denen der Fall ist, die auf sich die bewundernden Blicke der anderen spüren. Im Gegenteil hat der Blick der anderen hier zur Folge, dass unsere Beziehung zu uns selbst geschwächt wird, weil wir darin unsere Abwertung spüren. Wir fragen uns: Wie sieht der mich? Und wir ziehen zur Beantwortung dieser Frage allgemeine Normen und Bewertungsrahmen heran. Deshalb beschämen bestimmte Körperbilder Menschen, die ihnen nicht entsprechen, auch dann, wenn sie kein böser Blick und kein böses Wort trifft. Es reicht, dass sie gesehen werden. Ich erfahre mich dann nicht als ein Subjekt, das wertgeschätzt wird, sondern als ein Objekt, das abgewertet wird. Scham, sagt Sartre, sei das »Gefühl, mein Sein *draußen* zu haben, verstrickt in einem anderen Sein […]. Die Scham ist das Gefühl des *Sündenfalles*, nicht deshalb, weil ich diesen oder jenen Fehler begangen hätte, sondern einfach deshalb, weil ich in die Welt ›gefallen‹ bin [...] und weil ich der Vermittlung des Anderen bedarf, um zu sein, was ich bin«[15] Die Überwindung des Hardbodys ist also notwendig, damit weniger Menschen beschämt werden. In diesem Sinne stärkt die Body-Positivity-Bewegung die Solidarität.

Das gilt in Maßen auch für das zweite Ziel der Bewegung, nämlich alles zu beseitigen, was die Menschen daran hindert, sich selbst zu lieben. Denn wenngleich Selbstliebe nicht unbedingt solidarisch ist, sondern auch gegenteilige Konsequenzen haben kann – vor allem dann, wenn sie radikal sein soll –, gehört es doch zu den Merkmalen einer solidarischen und sozialen Gesellschaft, die Voraussetzungen dafür zu schaffen, dass Menschen ihrer Selbstliebe frönen können. Und zwar so, dass daraus keine besonderen Ungleichheiten und sozialen Härten entstehen. Das ist eines der wesentlichen Ergebnisse von Jean-Jacques Rousseaus *Abhandlung über den Ursprung und die Grundlagen der Ungleichheit unter den Menschen* (1755). Rousseau unterscheidet darin eine Selbstliebe im engeren Sinne, die nach »Annehmlichkeiten des Lebens für einen selbst« strebt, vom Wunsch nach Wertschätzung, der »auf das Ansehen bei den anderen« trachtet. Während die erste Form der Selbstliebe, die Rousseau »amour de soi« nennt, dem »natürlichen Gefühl« entspringt, »das jedes Tier dazu veranlaßt, über seine eigene Erhaltung zu wachen«, ist die zweite »ein relatives, künstliches und in der Gesellschaft entstandenes Gefühl, das jedes Individuum dazu veranlaßt, sich selbst höher zu schätzen als jeden anderen«. Diese »amour propre«, wie Rousseau sie nennt, treibt uns an, »einen Platz zu behaupten, mitzuzählen und als etwas angesehen zu werden« und ist, wie Rousseau im Folgenden ausführt, nicht nur der Motor der Zivilisation, sondern auch der Grund für die krasse soziale Ungleichheit und die zahlreichen Verwerfungen, die damit einhergehen.[16] Da der Prozess der Zivilisation in Rousseaus Version der Geschichte jedoch nicht umkehrbar ist und die *amour propre* den Menschen also nicht ausgetrieben werden kann, ersinnt er ein ganzes System von Begrenzungen, die diese an sich zerstörerische Selbstliebe im Zaum halten. Das berühmteste Beispiel ist vielleicht der im *Gesellschaftsvertrag* (1762) entworfene *volonté générale*, der die Mitglieder der Nationalversammlung verpflichtet, in ihrer Stimmabgabe von ihren Individualinteressen abzusehen und im Sinne des Gemeinwohls zu stimmen.

Im Umkehrschluss heißt das jedoch auch – und hier verbinden sich Butlers Ansatz, Anerkennung über Ausschluss zu denken, und Rousseaus Kulturkritik –, dass jede Gesellschaft, die sozial und solidarisch sein will, jedem Mitglied die Möglichkeit geben muss, seine Selbstliebe und seinen Geltungswillen zumindest insoweit zu pflegen, als es den Geltungswillen anderer nicht einschränkt. Das heißt im Hinblick auf unsere Körperbilder, dass wir nicht nur die Körper einschließen müssen, die aus dem Rahmen fallen, sondern auch denen Wertschätzung zuteilwerden lassen müssen, die den herrschenden Schönheitsidealen nur weniger entsprechen. Wie schwierig das ist, merke ich zum Beispiel, wenn ich den Fernseher einschalte und seine Bilder mir suggerieren, dass jeder Mann auf Gottes weiter Erde ein Sixpack hat (jeder außer mir). Auch dann, wenn er, wie der von Brad Pitt in *Once upon a Time in Hollywood* (2019) gespielte Stuntman schon etwas älter ist und sich nur von Dosenmakkaroni und Bier ernährt. Ich weiß natürlich, dass das nur ein Film ist und die meisten Menschen anders aussehen, ich mache ja im Schwimmbad nicht die Augen zu; ich finde es aber trotzdem gut, dass sich die Body-Positivity-Bewegung dafür einsetzt, dass auch weniger perfekte Körper gezeigt werden, weil es mir erleichtert, mich selbst schön zu finden, und meiner Selbstliebe weniger Abbruch tut als die Omnipräsenz des Hardbodys.

Die Body-Positivity-Bewegung fährt also zweigleisig. Zum einen versucht sie, Stigmatisierung, Beschämung und soziale Ausgrenzung zu verhindern, zum anderen versucht sie, mehr Leuten die Möglichkeit zu geben, sich selbst zu lieben. Beide Intentionen finden sich schon in dem Artikel *More People Should be Fat*, mit dem Llewellyn Louderback am 4. November 1967 das *Fat Acceptance Movement* startete, das einen Anfang der Body-Positivity-Bewegung markiert. Louderback argumentiert, dass seine Frau sich vom Schlankheitswahn der Zeit gestresst fühle, weil sie das Gefühl habe, andauernd herabgesetzt zu werden, sich allerdings auch nicht groß verändern wolle, weil sie von Diäten schlechte Laune bekäme, worunter er dann seinerseits ebenfalls zu leiden habe. Sie will so bleiben, wie sie ist, und hören, dass sie das darf. Louderback glaubt, dass sich das erreichen ließe, wenn Fettleibigkeit normaler würde. Das heißt, »more people should be fat«: kein leibliches Erstarken Amerikas, sondern die Akzeptanz, dass »fette Menschen« nicht abnorm sind.

Wenngleich eine Gesellschaft, die die Ansprüche der Body-Positivity-Bewegung erfüllt, solidarischer ist als eine Gesellschaft, die das nicht tut, sind diese Ansprüche jedoch nicht selbst solidarisch, sondern sie fordern die Gesellschaft auf, mit den Ausgeschlossenen solidarisch zu sein. Dieser Aufruf zur Solidarisierung geschieht nicht nur über den moralischen Apell, sondern bedient sich auch verschiedener ästhetischer Strategien und diese haben, wie die Kultur des Hardbodys auch, ihre eigenen Stars.

Eine der berühmtesten ist die australische Komikerin Celeste Barber. Sie persifliert Modewerbung und Videos von Influencerinnen auf Instagram. Dafür ehrte die Zeitschrift *Vogue* sie mit mehreren Covern. Viele Models und Influencerinnen, deren Videos von ihr verspottet werden, lieben sie. Sie hat auch mehr Follower als die meisten von ihnen. In ihren Fotos und Videos stellt sie die Posts von weiblichen Fitness- und Fotomodellen auf Instagram nach und das sieht oft grotesk komisch aus. Barber lässt beide Aufnahmen nach oder nebeneinander laufen. Im Vergleich zur Vorlage wirken ihre Bewegungen oft ungelenk; ihre Glieder sind zu steif, ihr Körper ist ihr oft im Wege und scheint, wie der groteske Leib Rabelais', ein Eigenleben zu besitzen. Überdies sieht er sowieso ganz anders aus als der Hardbody, weil er nicht so mager und muskulös, sauber und glatt ist wie die Körper des Models, sondern Cellulite hat, schwitzt und ächzt und all das offenbart, was auch Barbers Publikum an seinen Körpern täglich erlebt, aber vielleicht nicht in den sozialen Medien zeigen würde, weil es dem dort vorherrschenden Schönheitsideal widerspricht. Barbers Performance zeitigt große komische Effekte, wobei das Lachen ein doppeltes ist. Die Zuschauer lachen zunächst über Barbers teils künstliche Unbeholfenheit, mit der ihr Softbody die oft widersinnigen Bewegungen des inkriminierten Hardbodys nachmacht, und die abstruse Szene, die sich dabei ergibt. Im Nu ändert sich der Blick jedoch. Die Zuschauer fühlen sich in Barber ein, versetzen sich imaginativ in ihre Lage und erkennen sich in ihrem Softbody wieder. Sie lachen, wenn sie über Barber lachen, auch ein Stück weit über sich selbst und bauen dabei die Spannungen ab, die aus der Inkongruenz zwischen ihren eigenen Körpern und den Hardbodys der Models erwachsen waren – ein *comic relief*. Damit ändert sich jedoch auch die Perspektive auf die Körper, denn nun erscheinen nicht mehr die nicht ganz so perfekten Softbodys von Barber und ihrem Publikum als unpassend und komisch, sondern vor allem die Art und Weise, wie der Körper des Modells in der Vorlage inszeniert worden war und damit wird indirekt auch das Ideal des Hardbodys lächerlich gemacht. Barber und ihre Zuschauer solidarisieren sich miteinander im Lachen über das Hardbody-Körperideal und schaffen damit auch eine vorübergehende Verfestigung der sozialen Beziehungen. Dass so viele persiflierte Influencerinnen zu Barbers Fans zählen, spricht dafür, dass diese sich nicht selbst verlacht fühlen, sondern erkennen, dass es bei Barbers Arbeiten nicht darum geht, das Spiel der Ausgrenzung umzukehren und nun das Modell zu verspotten – in Form eines umgekehrten Bodyshamings. Der Spott zielt vielmehr zuerst auf die inszenatorische Praxis, mit der dieses Körperideal propagiert wird, ihre Stilmittel und Ästhetik, und trifft damit dieses Ideal nur indirekt und allgemein, nicht aber den Menschen mit seinem Hardbody. Damit gilt der Spott letztlich der neoliberalen und neokonservativen Ideologie, die im Hardbody symbolisiert wird.

Die Figuren der TV-Serie *Dietland* (2018) des amerikanischen Senders AMC gehen dagegen weniger subtil vor. Die Serie zeigt eine Gruppe von Body Positivity-Aktivistinnen, die sich nicht mehr damit begnügt, Forderungen zu stellen, sondern die Protagonist:innen des gesellschaftlichen Diskurses, der ihnen die Anerkennung verweigert, sie stigmatisiert und leiden lässt, umbringt. »Join the Revolution!« rufen sie ihren Leidensgenossinnen zu und setzen damit eine Welle der Solidarisierung in Gang, die tatsächlich revolutionäres Potenzial besitzt. Ein Nebenstrang der Handlung befasst sich mit der Beziehung zwischen einer Hauptaktivistin,

Plum, und einem Detektiv, der die Gruppe aufspüren soll. In Plums erotischen Phantasien den Detektiv betreffend verwandelt sich sein Körper in den eines Mischwesens aus Mensch und Tiger. Sie wünscht sich, von ihm mit einem Tigerbaby schwanger zu werden. Bevor sie intim werden, hat er »das ganze Wasser von New York getrunken«; danach verzehrt er »ein großes saftiges Cornedbeef Sandwich, fünf Salamipizzas extra Käse, Omabrötchen, einen Eimer hausgemachten Keksteig und zwei Liter Cola, normale Cola« (Season 1, Episode 3). Hier kehrt der groteske Körper Rabelais' nicht allein wieder, sondern er verbindet sich mit dem Symbionten Haraways, die einen weiteren, wenngleich utopischen Vorschlag macht, den Hardbody zu überwinden.

Leiblichkeit

Der Leib ist immer schon dagewesen. Er ist nur in Vergessenheit geraten oder verdrängt worden, weil ihn unsere Kultur in Körper und Geist aufgespalten hat. Wir müssen ihn also nicht herbeizaubern oder uns entsprechend verwandeln, sondern ihn nur wiederentdecken. Denn der Leib ist das Medium meiner Erfahrungen und eine Weise des In-der-Welt-Seins. Die Wiederentdeckung des Leibes ist das Verdienst einer Philosophie, die Anfang des 20. Jahrhunderts wieder Sachforschung machen wollte. Die Sachen, die sie erforscht, sind der Leib und die Dinge in der Welt, wie sie uns unmittelbar gegeben sind. Diese Dinge nennt sie Phänomene, sich selbst nennt sie Phänomenologie. Ihr Begründer ist Edmund Husserl (1859–1938) – welcher im Übrigen auch einen großen Einfluss auf die Arbeiten von Michail Bachtin hatte, dem wir die Beschreibung des grotesken Körpers, oder, wie Bachtin sagt, Leibes verdanken.[17]

Mein Leib, schreibt Husserl, unterscheidet sich dadurch von allen Dingen in der Welt, dass ich in ihn »unmittelbar schalte und walte«.[18] Das heißt, auf die Dinge wirke ich ein, durch meinen Leib wirke ich hindurch. »Einen Körper habe ich, ein Leib bin ich.«[19] Damit ist ein weiterer Unterschied zum Körper verbunden. Mein Leib ist das »*Mittel aller Wahrnehmung*« und »bei aller Wahrnehmung *notwendig* dabei«; wie jedes Medium verschwindet er jedoch, wenn ich ihn als Medium thematisiere.[20] Durch meinen Leib habe ich eine leibliche Erfahrung von allem, außer vom Leib selbst. Er ist »Nullobjekt der Nähe«. Auch den fremden Leib kann ich nicht als Leib erfahren, weil ich in ihm nicht schalten und walten kann. Ich kann mich aber in ihn hineinversetzen wie in kein anderes Ding in der Welt. Husserl nennt dieses Hineinversetzen Einfühlung und das ist durchaus wörtlich gemeint. Ich fühle mich in den anderen Leib ein, indem ich mir vorstelle, wie es sich anfühlen würde, »wenn ich dort wäre«, wo dieser Leib ist, täte, was er tut und erlitte, was er erleidet.[21] In der Einfühlung verdopple ich mich selbst. Das ist nur möglich, weil mein eigener Leib pathisch ist: Er ist offen für das, was ihm widerfährt. Er kann etwas erleiden und weil er etwas erleiden kann, kann er mit anderen mitleiden. Indem ich mich in den anderen einfühle und mit ihm mitleide, erfahre ich also, dass ich einen Leib habe. Der Erfahrung meines eigenen Leibes geht die Erfahrung eines fremden Leibes vorauf. Die Auffassung meiner leiblichen Existenz geschieht allein »auf dem Umweg über die ›Anderen‹«, weil »der fremde Mensch konstitutiv der an sich erste Mensch ist.«[22]

Mit der Erfahrung meines Leibes ist also die Einsicht in die Verbundenheit mit anderen gegeben. Sie zeigt mir, dass ich nicht für mich selbst bestehe, sondern mit anderen zusammen und dass ich nicht bei mir beginne, sondern beim anderen. Ich kann mich aber nur dann als Leib erfahren, wenn ich meinen Körper nicht von mir abspalte und ihn als ein weiteres Ding in der Welt ansehe, das ich wie ein Werkzeug zur Verwirklichung meiner Absichten und Ziele einsetze, sondern als etwas, durch das ich bin, durch das ich lebe und erlebe. Dieser Leib ist offen für das, was ihm widerfährt und fähig, darauf zu antworten. Seine Freiheit beginnt nicht bei ihm, sondern beim anderen, auf den er antwortet, sie ist nicht spontan, sondern responsiv. Damit ist der Leib das zentrale Organ einer responsiven Ethik. Leiber sind responsive Körper.

Die leibliche Erfahrung und die ethische Grundhaltung haben die Selbstverfremdung gemeinsam. Diese ethische Selbstverfremdung kann eine Grundlage dafür bieten, mich anderen gegenüber solidarisch zu verhalten und Rücksicht zu nehmen, denn sie bringt eine steile Asymmetrie hervor. Der andere ist nicht nur der erste Mensch, er ist mir auch unverfügbar, ein Fremder, von dessen Ansprüchen an mich ich mich in meinem Handeln gleichwohl leiten lassen muss. Nicht in dem Sinne, dass ich alle eigenen Interessen seinen unterordne, aber doch so, dass ich in meinen Handlungen nicht von mir ausgehe, sondern von ihm. Ich frage mich, welche Ansprüche er an mich hat, inwiefern sie begründet sind oder ich geneigt bin, ihnen nachzukommen und handle in Antwort darauf. Das ist eine völlig andere soziale Ontologie als die des Liberalismus, in der der Einzelne von sich ausgeht und versucht, seine Interessen nach Maßgabe seiner Kraft, das heißt auch im Widerstand gegen den anderen durchzusetzen. Die Beziehung unter Menschen, die sich als Leib erfahren, trägt der Einsicht in ihre Verbundenheit im Netz des Lebens Rechnung. Sie berücksichtigt nicht nur die eigene Verletzlichkeit, sondern auch die des anderen und sie versucht damit nicht so umzugehen, dass sich der eine gegen den anderen verhärtet, um im *survival of the fittest* zu bestehen, sondern Kooperationen zu bilden, die geneigt sind, die vermeintlich eigenen Interessen zugunsten gemeinsamer Interessen zurückzustellen. Dabei fühlen sich die Menschen in einem Ja der originären Einwilligung zueinander verbunden, das tiefer reicht als das Ja oder Nein allgemeiner Willenssetzungen. Es ist das große JA einer allgemeinen Allverbundenheit.

Wie lässt sich die leibliche Erfahrung stärken?

Kunstbetrachtung

Die bravste, am weitesten verbreitete und zugleich schwächste Antwort darauf, wendet sich der bildenden Kunst zu. Sie behauptet, dass Werke der bildenden Kunst unseren Blick herausfordern und uns frappieren. Sie eröffnen dann – so lassen sich die entsprechenden Beschreibungen zusammenfassen –, ein Wechselspiel aus Pathos und Response, in dem wir von einer Arbeit angesprochen werden und darauf antworten. Unser Blick beginnt nicht bei uns, sondern dort, wo wir nicht sind: im Bild, beim Kunstwerk. *Was wir sehen, blickt uns an.*[23] So heißt auch ein berühmtes Buch des Philosophen und Kunsthistorikers George-Didi Huberman. Der Appell der Arbeit eröffnet eine »szenische Konstellation« zwischen uns und dem Werk, wie der Kunsthistoriker Michael Fried das genannt hat.[24] Wir gehen näher darauf zu, weiter weg, zur Seite und dergleichen mehr. Wir versuchen, dem Werk gegenüber eine Position zu finden, die sich stimmig anfühlt. Das zeigt, dass wir von der Arbeit nicht nur geistig angesprochen werden, sondern leiblich – als ein physisch präsentes, empfindendes und denkendes Wesen, das mit dem Werk in einem Raum und von ihm betroffen ist und darauf antwortet. Das Staunen vor dem Werk ist mit dem Gefühl der Verunsicherung verbunden. Wir sehen etwas, aber wir wissen nicht genau, was es ist. Wir sind befremdet und versuchen, diesen Mangel zu beseitigen. Dafür müssen wir uns auf das Werk, das uns als etwas Fremdes und Unverstandenes gegenübersteht, einlassen. Wir gehen nicht von uns aus, sondern vom Werk. Ein Schwebezustand entsteht, in dem wir das Werk nicht als etwas sehen oder identifizieren, sondern in seiner Fremdheit bewahren. Huberman beschreibt das in seinem Essay *Vor einem Bild* (2000) als »so etwas wie eine schwebende Aufmerksamkeit, ein längeres Hinausschieben des Augenblicks, da Schlüsse gezogen werden, damit die Interpretation Zeit genug hätte, um sich über mehrere Dimensionen zu erstrecken, zwischen einem erfassten Sichtbaren und der auferlegten Prüfung einer Verzichtleistung. […] [N]icht vom Bild Besitz zu ergreifen, sondern sich vielmehr vom Bild ergreifen zu lassen: also sich sein Wissen über das Bild weggreifen zu lassen. Das Risiko ist natürlich groß. Es ist das schönste Risiko der Fiktion. Wir würden nämlich zulassen, uns den Zufällen einer Phänomenologie des Blicks auszuliefern und ständig mit einer Übertragung [...] oder mit Projektionen zu leben. Wir würden zulassen, zu imaginieren«.[25]

Das ist Kunstkitsch! Und Unsinn ist es auch. Denn wie sollte ein Gegenstand aktiv mit uns in Beziehung treten, ein Bild uns anschauen? Es hat ja keine Augen und auch kein Bewusstsein. Es ist nur ein Stück Leinwand mit Farbe darauf. Selbstverständlich ist die Rede von Bildern, die ihren Betrachter anschauen, nur metaphorisch zu verstehen. Sie versucht, die leibliche Erfahrung der Kunst zu beschreiben, bei der es dem Betrachter so vorkommen kann, als ob das Bild ihn anspräche, weil er responsiv darauf antwortet. Worauf er jedoch genau genommen antwortet, sind Eigenschaften wie die Perspektive des Bildes, seine Komposition oder inhaltliche Elemente, also alles Kategorien, mit denen er das Bild anschaut und mit denen er ihm zu Leibe rückt, um es zu verstehen.[26]

Die leibliche Erfahrung von Kunstwerken setzt also schon eine entsprechende Einstellung voraus. Ich muss sie von vornherein so anschauen, als ob wir in einer bestimmten Beziehung zueinander stünden, meine eigene Leiblichkeit auf das Werk projizieren und im Versuch, es zu verstehen, dann auf Sinn und das heißt eben auch Einverständnis mit mir aus sein. Wenn ich diesen Aufwand nicht treibe, bleibt mir die leiblich-hermeneutische Erfahrung des Werks verschlossen. Deshalb ist die Reichweite der Kunstbetrachtung für die leibliche Erfahrung äußerst gering. Sie kann allenfalls stärken, was ohnehin schon da ist, und befriedigen, was gesucht wird.

Etwas anderes ist es mit dem Vorschlag, den Donna Haraway macht.

Symbiotische Körper

Die Biologin Donna Haraway erzählt in ihrem Buch *Unruhig bleiben* (2016) Geschichten darüber, wie unser Leben mit dem Leben von anderen Lebewesen zusammenhängt, nicht nur den Bakterien in unserem Mund, sondern auch den schwangeren Stuten in kanadischen Ställen, aus deren Urin Östrogen für Frauen in den Wechseljahren gewonnen wird. Diese Erzählungen sind alle sehr realitätsnah und wie gemacht für die auf Information eingestellten Hardbodys. Haraway verbindet sie mittels Zukunftsprognosen und einem moralischen Appell zu einer sozialen Utopie. Sie handelt davon, dass alle Lebewesen in einer solidarischen Gemeinschaft zusammenarbeiten. Als Beispiele dafür nennt Haraway Korallen, die ein Riff bilden, Spinnentiere und Polypen, Viren, Bakterien und viele andere Lebewesen, die in der Lage sind, ein kollektiv produzierendes System zu bilden, in dem jeder nicht nur auf seinen eigenen Vorteil zielt. Sie behauptet, dass diese Lebensformen evolutionär überlegen seien und wir Menschen uns ihnen anschließen müssten, wenn wir nicht mit dem Klimawandel verschwinden wollten. Das würde jedoch von uns Menschen verlangen, unseren »eingeschränkten, zweckorientierten Individualismus« und seine Konkurrenzbeziehungen aufzugeben und und »sympoietische Arrangements« zu bilden, in denen wir mit anderen Lebewesen spontan zusammenarbeiten.[27] Dafür sprechen auch moralische Gründe, sagt Haraway, denn wir haben eine Verantwortung gegenüber den Lebewesen, mit denen wir zusammenleben, insofern unser Handeln für sie Konsequenzen hat (und das ist fast immer der Fall). Haraway entwirft diese Verantwortung in Anlehnung an die responsive Ethik des Philosophen Emmanuel Lévinas (1906–1995) und nennt sie Responsabilität (*response-ability*). Damit meint sie die Fähigkeit, nicht von sich auszugehen, sondern auf die Bedürfnisse und Ansprüche anderer Lebewesen zu antworten und sich zu fragen, welche Ansprüche sie einem gegenüber berechtigterweise haben. Übertragen auf die kanadischen Stuten hieße das zum Beispiel, sich zu fragen, ob wir es ihnen zumuten können, ihr ganzes Leben an Schläuche angeschlossen in einer Massentierhaltung zu leben, sich keinen einzigen

Schritt bewegen zu können, permanent geschwängert zu werden und entbinden zu müssen, sich von ihren Fohlen so schnell wie möglich trennen zu müssen (damit diese alsbald selbst benutzt oder verwurstet werden können) und mit minimalster Pflege und Hygiene auszukommen, damit Frauen das Altern ihres Blasenschließmuskels verzögern können, oder ob diese Stuten nicht von diesen Frauen erwarten könnten, einfach eine Slipeinlage einzulegen, wenn es unten tropft? Hier zeigt sich ganz konkret, wie eine Öffnung des Körpers mit der Solidarität unter den Lebewesen zusammenhängt.

Berührung

Andere Möglichkeiten, die leibliche Erfahrung zu reaktivieren, liegen etwa im körperlichen Kontakt und einer Aufwertung des Tastsinns gegenüber dem Sehsinn. »Jedes Ding, das wir sehen,« sagt Husserl, »ist ein tastbares, und als solches weist es auf eine unmittelbare Beziehung zum Leib hin, aber nicht vermöge seiner Sichtbarkeit. *Ein bloß augenhaftes Subjekt könnte gar keinen erscheinenden Leib haben*«.[28] Die Erfahrung des Leibes ist die Erfahrung angerührt zu werden. Die direkteste Art, angerührt zu werden, ist die Berührung. In der Berührung nehme ich nicht nur etwas wahr, sondern empfinde mich auch selbst. Dabei verschränken sich Selbst- und Fremdwahrnehmung. Ich kann nichts berühren, ohne nicht auch selbst berührt zu werden. Die Berührung beginnt nicht bei mir, sondern beim anderen, den oder das ich berühre. Die Erfahrung, die ich im Berühren mache, antwortet auf das, was ich berühre (bzw. antwortet auf denjenigen, den ich berühre). Sie ist im buchstäblichen Sinne pathisch und responsiv. Was ich berühre, rührt mich an. Die Berührung verwandelt die Haut in eine erogene Zone. Sie schließt den Leib auf. Das ist vielleicht die einfachste Art und Weise, den Hardbody zu überwinden: sich berühren. Ähnlich wie Haraways symbiotische Körper gehen wir der Berührung nicht schon als fertige und abgeschlossene Individuen voraus, sondern erscheinen durch sie. Wir treten dadurch, dass wir uns berühren, füreinander in Erscheinung, aber eben erst in der Berührung und so, dass wir füreinander nur sind, insofern wir aufeinander bezogen sind. Ich bin nicht hier und du bist nicht dort, sondern wir sind zusammen in der Berührung. Sie etabliert einen Zwischenraum, in dem wir zusammen sind. Wir unterscheiden uns erst in einem zweiten Schritt in ein Ich und ein Du. Waldenfels nennt das Diastase, ein Auseinanderstehen. Es ist ein Auseinandertreten, ein Differenzierungsgeschehen, bei dem das, was unterschieden wird, erst entsteht.[29]

Eine andere, intimere Art der Berührung, in der wir dem anderen erscheinen und den Hardbody überwinden können, sind erotische Kontakte und Sex. Vielleicht erfahren wir nie so deutlich, dass wir beim anderen beginnen, wie in der geschlechtlichen Vereinigung. Das ist ein Topos der Philosophie seit mehr als 2000 Jahren, aber auch nicht mehr selbstverständlich, weil auch hier der Verschluss und die Abhärtung der Körper eine entsprechende Erfahrung verhindern können. Es sei ihr so vorgekommen, sagt eine Frau in einem Film zu ihrem Liebhaber am Morgen danach, als habe sich ein masochistischer Mönch mit einer Harpune selbst gegeißelt. Ich habe den Film, den ich vor einigen Jahren gesehen habe, nicht wiederfinden können, mich aber beim Schreiben daran erinnert, weil die Bemerkung der Frau meines Erachtens gut beschreibt, wie der Verschluss im eigenen Körper eine gemeinsame Erfahrung verhindert. Was daran etwas ändern könnte, wäre Zärtlichkeit. Die Schriftstellerin Olga Tokarczuk sagt über dieses Gefühl in ihrer Nobelpreisrede von 2019:

> »Liebevolle Zuneigung ist spontan und selbstlos, sie geht weit über empathisches Mitfühlen hinaus. Vielmehr ist sie eine bewusste – bisweilen vielleicht etwas melancholische – Einfühlung in ein anderes Leben, ein anderes Schicksal.
>
> Der liebevolle Blick bedeutet, ein anderes Sein anzunehmen und aufzunehmen, in seiner Zerbrechlichkeit, seiner Einzigartigkeit, seiner Wehrlosigkeit gegen Leiden und das Wirken der Zeit.
>
> In der zugeneigten Betrachtung entdecken wir Bande zwischen uns, Gemeinsamkeiten und Übereinstimmungen. Sie zeigt die Welt als lebend

und lebendig, als ineinander verbunden, voneinander abhängend, zusammenwirkend.«[30]

Arbeit, Sport, Spazierengehen

Eine weitere Möglichkeit, die Erfahrungen des Leibes zu reaktivieren, bieten einfache körperliche Arbeiten wie zum Beispiel Bäumefällen, Ästesägen, Holzhacken oder Hämmern. Denn wenn wir diese Dinge tun, löst sich die Grenze zwischen unserem Körper, dem Werkzeug und dem Ding, das wir bearbeiten, auf. Wer könnte, wenn er die Axt wieder und wieder in einen Baum schlägt, neu ausholt und ansetzt, präzise unterscheiden, wo der eigene Körper endet und wo die Axt oder der Baum beginnen. Alle beteiligten Körper umarmen einander, verschlingen sich zu einer großen Bewegung und einem großen Leib. Hier liegt auch der Anfang der Kybernetik und hier zeigt sich der Körper als Leib. »Man denke an einen Mann, der einen Baum mit einer Axt fällt. Jeder Hieb der Axt wird entsprechend dem Aussehen der Schnittkerbe des Baumes, die durch den vorherigen Schlag hinterlassen wurde, modifiziert oder korrigiert. Dieser selbstregulierende (d. h. geistige) Proze ß wird herbeigeführt durch ein Gesamtsystem – Baum-Augen-Gehirn-Muskeln-Axt-Hieb-Baum; und es ist dieses Gesamtsystem, das die Charakteristika des immanenten Geistes hat.«[31] Gleichwohl ist mein Körper in diesem System kein Ding wie die anderen in der Welt, zum Beispiel die Axt oder der Baum, sondern etwas, durch das ich *lebe* und durch das ich alles *erlebe*, er ist ein Leib.

Eine fünfte Möglichkeit, die leibliche Erfahrung zu stärken, bieten ausgerechnet jene Körperpraktiken, die traditionell zur Herstellung des Hardbodys eingesetzt werden, das heißt – genauer gesagt – zur Formung seiner äußeren Erscheinung. Sport- und Fitness-Übungen, Radfahren, Konditionsläufe, Liegestützen, Gewichtheben. Bei hinreichender Intensität schalten diese Übungen allen Lärm der Welt aus und bieten die Möglichkeit, sich ganz auf den eigenen Körper, seine Bewegung und Interaktion mit den Geräten und der Welt zu fokussieren. Ich bin geübt in einfachen körperlichen Arbeiten wie dem von Bateson beschriebenen Baumfällen. Die Symbiose zwischen Mensch und Maschine habe ich jedoch kaum je so intensiv gespürt wie auf meinem Rennrad, in dessen Pedale ich mich mit meinen Schuhe einklicke. Bei der Fahrt verschmelze ich nicht nur mit der Maschine, sondern auch mit der Straße, dem Wind und der Landschaft. Ähnliches gilt für mein Training im Homegym, vor allem dann, wenn mein kardiovaskuläres System an seine Grenzen kommt und sich die einzelnen Bewegungen in einen Flow auflösen. Beim ersten Liegestützensprung kann ich noch unterscheiden, wo ich bin und wo der Boden, auf den ich mich legen muss, und wo die Decke ist, die ich im Sprung erreichen will. Je näher ich dem Fünfzigsten komme, desto mehr löst sich die Unterscheidung jedoch auf. Ich verliere ein Stück weit die Kontrolle über meinen Körper, er gehört nicht mehr mir, sondern spannt sich auf zwischen den Kräften, die ihn zur Decke schleudern oder zu Boden ziehen. Er hört auf, etwas zu sein, das ich habe, und wird mehr und mehr als etwas erfahrbar, durch das ich bin, eine Art und Weise des In-der-Welt-Seins. Von Klimmzügen oder dem Kreuzheben ließe sich Ähnliches sagen, nur dass ich mich da, wie beim Fahrrad, mit einem Ding verbinde. Einmal eingeübt oder darauf aufmerksam geworden, lässt sich diese leibliche Erfahrung letztlich bei jeder körperlichen Betätigung machen, die für sich in den Blick genommen werden kann, sogar beim Spazierengehen. Denn wer wollte sagen, wer da spaziert: Ich oder mein Körper?[32]

Danksagung

Das Beste habe ich immer von anderen. In der Arbeit an diesem Text haben mich viele Menschen unterstützt. Bei ihnen möchte ich mich herzlich bedanken. Es sind Roland Fischer, Hannes Kuch, Andreas Reckwitz, Bernhard Waldenfels, the one and only Jens Poggenpohl – und vor allem Johanna Schumm.

Dem Büchner-Verlag und insbesondere Sabine Manke danke ich für die Geduld, das Vertrauen und das große Engagement in allen Bereichen.

Endnoten

Einleitung

1. Anna-Maria Theres Schüttel, »Schönheitsideal schlank?! Das weibliche Körperideal und dessen mediale Darstellung im historischen Wandel«, in: Doreen Reifegerste und Christian Sammer (Hg.), *Gesundheitskommunikation und Geschichte. Interdisziplinäre Perspektiven*, Stuttgart 2020, S. 1–10.
2. Byung-Chul Han, *Die Errettung des Schönen*, Frankfurt/Main 2015, S. 9ff.
3. Anthony Giddens, *Wandel der Intimität. Sexualität, Liebe und Erotik in modernen Gesellschaften*, übersetzt von Hanna Pelzer, Frankfurt/Main 2016. Eva Illouz, *Gefühle in Zeiten des Kapitalismus. Adorno-Vorlesungen 2004*, Frankfurt/Main 2006. Dies., *Warum Liebe weh tut. Eine soziologische Erklärung*, Berlin 2011.
4. Zygmunt Bauman, *Flüchtige Zeiten. Leben in der Ungewissheit*, übersetzt von Richard Barth, E-Book, Hamburg 2013, S. 7.
5. Alain Ehrenberg, *Das erschöpfte Selbst. Depression und Gesellschaft in der Gegenwart*, 6. Aufl., Frankfurt/Main 2008. Axel Honneth, »Organisierte Selbstverwirklichung. Paradoxien der Individualisierung«, in: Christoph Menke, Juliane Rebentisch (Hg.), *Kreation und Depression. Freiheit im gegenwärtigen Kapitalismus*, 2. Aufl., Berlin 2012, S. 63–80. Byung-Chul Han, *Müdigkeitsgesellschaft*, 7. Aufl., Berlin 2012.
6. In einem Interview mit der *New York Times* über seine LSD-Trips, mit denen der sich davon erholte: »You know, we are all subconsciously always holding our anus«. Warren Hoge, »The Other Cary Grant«, *New York Times*, 3. Juli 1977, S. 130.

7   Vgl. dazu Jörg Scheller, »Hard Art, Soft Sculptors. Oration on the Afterlife of Renaissance Thought and Liberal Philosophy in the Subculture of Bodybuilding«, in: Ralph J. Poole, Florian Sedlmeier, Susanne Wegener (Hg.), *Hard Bodies*, Münster 2011, S. 219–230, hier: S. 227.
8   Peter N. Stearns, *American Cool. Constructing a Twentieth-Century Emotional Style*, New York, London 1994. Zur Kompensation: Antonio Rotundo, *American Manhood. Transformations in Masculinity from the Revolution to the Modern Era*, New York 1993.
9   Daniela Saxer »Mit Gefühl handeln. Ansätze der Emotionsgeschichte?«, *Traverse. Zeitschrift für Geschichte*, Nr. 14, 2, 2007, S. 13–26.
10 Bret Easton Ellis, *American Psycho*, übersetzt von Clara Drechsler und Harald Hellmann, Köln 1991, S. 20, 393f., 166.
11 Aristoteles, *Nikomachische Ethik* (um 400 v. Chr.): »Jene Menschen, die sich voneinander unterscheiden wie die Seele vom Körper und der Mensch vom Tier – und in dieser Situation befinden sich jene, deren Werk der Gebrauch des Körpers ist, und das ist das Beste (das geleistet werden kann) von ihnen – diese sind von Natur Sklaven, für die es besser ist, dieser Herrschaft unterworfen zu sein, wie oben gesagt wurde. [1254b17–20].
12 Zu Napoleon als »Weltseele […] auf einem Pferde sitzend« siehe den Brief von Georg Wilhelm Friedrich Hegel an Friedrich Immanuel Niethammer, vom 13. Oktober 1806 in: Karl Rosenkranz, *Georg Friedrich Wilhelm Hegel's Leben. Supplement zu Hegels Werken*, Berlin 1844, S. 229f., hier: S. 229.
13 Georg Wilhelm Friedrich Hegel, *Phänomenologie des Geistes. Werke*, Bd. 3, hg. von Eva Moldenhauer und Karl Markus Michel, Frankfurt/Main 1986, S. 144.
14 Hans-Georg Gadamer, »Hegels Dialektik des Selbstbewußtseins«, in: Hans Friedrich Fulda und Dieter Henrich (Hg.), *Materialien zu Hegels ›Phänomenologie des Geistes‹*, Frankfurt/Main 1973, S. 217–242, hier: S. 226f.
15 Hannes Kuch, *Herr und Knecht. Anerkennung und symbolische Macht im Anschluss an Hegel*, Frankfurt/Main, New York 2013, S. 62.
16 Andreas Reckwitz, *Das Ende der Illusionen. Politik, Ökonomie und Kultur in der Spätmoderne*, Frankfurt/Main 2019, Kap. 1. Ders., *Die Gesellschaft der Singularitäten. Zum Strukturwandel der Moderne*, Frankfurt/Main 2017.

17 Christoph Menke, »Ein anderer Geschmack. Weder Autonomie noch Massenkonsum«, in: Ders. und Juliane Rebentisch (Hg.), *Kreation und Depression* (Anm. Einl./5), S. 226–239, hier: S. 233.
18 Diese Balance ist die klassische Definition des »dad bod« von Mackenzie Pearson, die den Begriff populär gemacht hat – und den ich hier meinerseits als »Dadbody« eingedeutscht habe. Der *dad bod* sagt: »I go to the gym occasionally, but I also drink heavily on the weekends and enjoy eating eight slices of pizza at a time«, schreibt Pearson. Dies., »Why Girls Love the Dad Bod«, *theodysseyonline.com*, 30. Mai 2015. https://www.theodysseyonline.com/dad bod, abgerufen 07.02.2022.

I. Wie der Hardbody entstand

1 Klassische Glasbläserei

1 Johann Gottfried Herder, »Plastik. Einige Wahrnehmungen über Form und Gestalt aus Pygmalions bildendem Träume«, in: Ders., *Sämtliche Werke*, Bd. 8, hg. von Bernhard Suphan, Berlin 1892, S. 1–87, hier: S. 43.
2 Johann Joachim Winckelmann, *Geschichte der Kunst des Altertums*, 2. Aufl., Wien 1776, S. 284.
3 Vgl. etwa Platon, *Phaidon*; Aristoteles, *De anima*.
4 Johann Joachim Winckelmann, *Gedanken über die Nachahmung der griechischen Werke in der Malerei und Bildhauerkunst*, hg. von Ludwig Uhlig, Stuttgart 1969, S. 11f.
5 Herder, »Plastik« (Anm. I/1), S. 12.
6 Ebd., S. 27.
7 Hogarth, *Zergliederung der Schönheit*, übersetzt von Christlob Mylius, Hannover 1754, S. VI.
8 Herder, »Erstes kritisches Wäldchen«, in: Ders., *Schriften zur Ästhetik und Literatur*, hg. von Gunther E. Grimm, Frankfurt/Main 1993, S. 62–245, hier: S. 242.
9 Winckelmann, *Geschichte der Kunst des Altertums* (Anm. I/2), S. 365.
10 Herder, *Plastik* (Anm. I/1), S. 19.
11 Winckelmann, *Geschichte der Kunst des Altertums* (Anm. I/2), S. 269.
12 Ebd., S. 72f.

13 Herder, »Reisetagebuch«, in: Ders., *Italienische Reise. Briefe und Tagebuchaufzeichnungen 1788–1789*, hg. von Albert Meier und Heide Hollmer, München 1989, S. 560–613, hier: S. 603.
14 Johann Wolfgang Goethe, »Römische Elegien«, in: Ders., *Werke. Jubiläumsausgabe*, Bd. 1,, hg. v. Hendrik Birus und Karl Eibl, Frankfurt/Main 1998, 86–103, hier: S. 102f.
15 Friedrich Nietzsche, Aufzeichnungen aus der Zeit der fröhlichen Wissenschaft, in: Ders., *Sämtliche Werke. Kritische Studienausgabe in 15 Bänden*, Bd. 9 (*Nachgelassene Fragmente 1880–1882*), hg. von Giorgio Colli und Mazzino Montinari, 2. durchgesehene Aufl., München 1998, S. 460.
16 Immanuel Kant, »Das Ende aller Dinge«, in: Ders., *Abhandlungen nach 1781. Akademie Ausgabe*, Bd. 8, Berlin 1971, S. 325–339, hier: S. 331.
17 Winckelmann, *Geschichte der Kunst des Altertums* (Anm. 1/2), S. 132.
18 Vgl. dazu etwa Manfred Frank, *Was ist Neostrukturalismus?* Frankfurt/Main 1983, S. 16.
19 Gotthold Ephraim Lessing, »Laokoon oder über die Grenzen der Malerei und Poesie«, in: Ders., *Werke 1766–1769*, Bd. 5.2, hg. von Wilfried Barner, Frankfurt/Main 1990, S. 9–206, hier: S. 175.
20 Johann Joachim Winckelmann, *Gedanken über die Nachahmung der griechischen Werke in der Malerei und Bildhauerkunst* (Anm. 1/4), S. 6.
21 Vgl. Manfred Frank, *Was ist Neostrukturalismus*, Frankfurt/Main 1983, S. 16ff.

2 Der zivilisatorische Hardbody und der groteske Softbody

1 Michail Bachtin, *Rabelais und seine Welt. Volkskultur als Gegenkultur*, übersetzt von Gabriele Leupold, hg. von Renate Lachmann, Frankfurt/Main 1995.
2 François Rabelais, *Gargantua und Pantraguel. Mit 29 Holzschnitten von Gustav Doré*, übersetzt und kommentiert von Wolf Steinsieck und Frank-Rutger Hausmann, Stuttgart 2013, S. 82f.

3   Erasmus von Rotterdam, *De civilitate morum puerilium*, zitiert nach Norbert Elias, *Der Prozess der Zivilisation. Soziogenetische und psychogenetische Untersuchung*, Bd. 1, *Wandlungen des Verhaltens in den westlichen Oberschichten des Abendlandes*, 5. Aufl., Frankfurt/Main 1978, S. 175.
4   Zitiert nach Jean-Claude Bologne, *Nacktheit und Prüderie. Eine Geschichte des Schamgefühls*, übersetzt von Rainer von Savigny und Thorsten Schmidt, Weimar 2001, S. 194.
5   Elias, *Der Prozess der Zivilisation*, Bd. 1 (Anm. 2/3), S. 187.
6   Baldassare Castiglione, *Das Buch vom Hofmann*, übersetzt und erläutert von Fritz Baumgart, mit einem Nachwort von Roger Willemsen, München 1986, S. 53.
7   Hoge, »The Other Cary Grant«, S. 130.
8   Zur Arbeit als Stoffwechsel mit der Natur bei Marx siehe etwa die berühmte Definition im fünften Kapitel des ersten Bandes von *Das Kapital*: »Die Arbeit ist zunächst ein Prozeß zwischen Mensch und Natur, ein Prozeß, worin der Mensch seinen Stoffwechsel mit der Natur durch seine eigne Tat vermittelt, regelt und kontrolliert. Er tritt dem Naturstoff selbst als Naturmacht gegenüber. Die seiner Leiblichkeit angehörigen Naturkräfte, Arme und Beine, Kopf und Hand, setzt er in Bewegung, um sich den Naturstoff in einer für sein eignes Leben brauchbaren Form anzueignen. Indem er durch diese Bewegung auf die Natur außer ihm wirkt und sie verändert, verändert er zugleich seine eigne Natur. Er entwickelt die in ihr schlummernden Potenzen und unterwirft das Spiel ihrer Kräfte seiner eignen Botmäßigkeit.« Karl Marx, *Das Kapital. Kritik der politischen Ökonomie*, Bd. 1, in: *Marx-Engels Werke*, Bd. 23. Berlin 1972, S. 192.
9   Rabelais, *Gargantua und Pantraguel*, S. 33–43.
10 Bachtin, *Rabelais und seine Welt* (Anm. 2/1), S. 77 und 358.
11 Francisco de Quevedo, *Gracias y desgracias del ojo del culo, dirigidas a Doña Juana Mucha, Montón de Carne, Mujer gorda por arrobas*, Sevilla 1996.
12 Polyphem (der aus der Odyssee bekannte Sohn des Meeresgottes Poseidon) betrachtet sein Spiegelbild im Wasser und sagt bei Góngora: »Ich sah mich an: sah eine Sonne brennen / auf meiner Stirn, ein Aug am Himmel droben. / Das Wasser schwankte, wem wir trauen können: / menschlichem Himmel, himmlischem Zyklopen?« Luis de Góngora, *La Fábula de Polifemo y Galatea*, übersetzt von Lothar Klünner, zitiert

nach Octavio Paz, *Verbindungen – Trennungen. Ein Essay*, übersetzt von Elke Wehr und Rudolf Wittkopf, 2. Aufl., Frankfurt/Main 1984, S. 11.
13   Ebd., S. 12.
14   Wolfgang Wickler, *Reisenotizen. 57 Episoden über Ansichten, Absichten und Hirngespinste*, Berlin 2020, S. 361.
15   Die Quelle dieses vielzitierten Satzes ist unklar. Manche schrieben sie Augustinus zu, andere Bernard von Clairvaux.
16   Norbert Elias, *Der Prozess der Zivilisation. Soziogenetische und phylogenetische Untersuchung*, Bd. 2, *Wandlungen der Gesellschaft. Entwurf einer Theorie der Zivilisation*, 5. Aufl., Frankfurt/Main 1978, S. 318f.
17   Vgl. Astrid von der Lühe, »Art. Sympathie«, in: *Historisches Wörterbuch der Philosophie*, Bd. 10, hg. von Joachim Ritter und Karlfried Gründer, Basel 1998, Sp. 752–762.
18   Zitiert nach Robert Spaemann, *Glück und Wohlwollen. Versuch über Ethik*, Stuttgart 1989, 110f. Spaemann beschreibt das als Erwachen der Moralität. Vgl. auch Bernhard Waldenfels, *Sozialität und Alterität. Modi sozialer Erfahrung*, Berlin 2015, 182f.
19   Bernhard Waldenfels, *Schattenrisse der Moral*, Frankfurt/Main 2006, S. 51.
20   Vgl. Brian O'Boyle, »From Newton to Hobbes. The Metaphysical Foundations of Mainstream Economics«, *Cambridge Journal of Economics*, 2017, 41, S. 1587–1605.
21   Thomas Hobbes, *Vom Menschen/Vom Bürger. Elemente der Philosophie II/III*, eingeleitet und hg. von Günther Gawlick, 3. Aufl., Hamburg 1994, S. 81.
22   Adam Smith, *The Principles Which Lead and Direct Philosophical Enquiries. Illustrated by the History of Astronomy*, 1795, posthum veröffentlicht.
23   Adam Smith, *Theorie der ethischen Gefühle*, nach der Auflage letzter Hand übersetzt und hg. von Walther Eckstein, Hamburg 1994, S. 526.
24   Thomas Hobbes, *Leviathan oder Stoff, Form und Gewalt eines kirchlichen und bürgerlichen Staates*, hg. und eingeleitet von Iring Fetscher, übersetzt von Walter Euchner, Berlin 1966, S. 163 (Kapitel 21).
25   Hobbes, *Vom Menschen/Vom Bürger. Elemente der Philosophie II/III* (Anm. 2/21), S. 81.
26   Norbert Elias, »Die Gesellschaft der Individuen (1939)«, in: Ders.: *Die Gesellschaft der Individuen*, Frankfurt/Main 1996, S. 39–48.
27   Milton Friedman, *Kapitalismus und Freiheit*, übersetzt von Paul C. Martin, Frankfurt/Main 2002, S. 232.

3 Bürgerliche Körper

1 Franco Moretti, *Der Bourgeois. Eine Schlüsselfigur der Moderne,* übersetzt von Frank Jakubzik, Berlin 2014, S. 52f.
2 Max Weber, »Die protestantische Ethik und der Geist des Kapitalismus«, in: Ders., *Religion und Gesellschaft. Gesammelte Aufsätze zur Religionssoziologie,* Eggolsheim 2011, S. 11–183, hier: S. 180.
3 Wenn vom Bürger die Rede ist, sind Frauen in der Regel mitgemeint, weil der Bürger eine soziologische Type ist, ›der Bourgeois‹ sagt Marx. Gleichwohl sprechen die Texte, die ich behandle, fast ausschließlich von Männern. Da ich jedoch nicht möchte, dass sich Leserinnen ausgeschlossen fühlen, formuliere ich, wo möglich, um. Die nach Politikerrede klingende Formulierung »Bürgerinnen und Bürger« möge man mir deshalb verzeihen. An anderen Stellen wiederholt sich die Problematik. Ethische Theorien zum Beispiel, auf die ich zurückgreife, sprechen immer vom anderen. Sie meinen den anderen Menschen und damit natürlich auch Frauen und andere mit. In diesen Fällen folge ich ihnen, weil die alternierende Rede von dem anderen und der anderen verwirrend sein kann. Wo immer ich der Inklusion von Leser:innen nicht Genüge getan habe, möchte ich also um Nachsicht bitten. Es liegt nicht an mangelndem Willen.
4 Werner Sombart, *Studien zur Entwicklungsgeschichte des modernen Kapitalismus,* Bd. 1, *Luxus und Kapitalismus,* München/Leipzig 1913.
5 Jürgen Kaube, *Max Weber. Ein Leben zwischen den Epochen,* Berlin 2014, S. 163.
6 Weber, »Die protestantische Ethik und der Geist des Kapitalismus« (Anm. 3/2), S. 180.
7 Max Weber, *Der Nationalstaat und die Volkswirtschaftspolitik. Freiburger Antrittsvorlesung,* Freiburg und Leipzig 1895, S. 34.
8 Weber, »Die protestantische Ethik und der Geist des Kapitalismus« (Anm. 3/2), S. 53.
9 Weber, »Die protestantische Ethik und der Geist des Kapitalismus« (Anm. 3/2), S. 153.
10 Winfried Menninghaus, *Ekel. Theorie und Geschichte einer starken Empfindung,* 4. Aufl., Berlin 2017, S. 278.
11 Sigmund Freud, »Über die allgemeinste Erniedrigung im Liebesleben«, in: Ders., *Gesammelte Werke. Chronologisch geordnet,* hg. von Anna Freud

u. a. Bd. 8, *Werke aus den Jahren 1909 bis 1913*, London 1943, S. 87–91, hier: S. 90.

12 Sigmund Freud, »Das Unbehagen in der Kultur«, in: Ders., *Gesammelte Werke. Chronologisch geordnet*, hg. von Anna Freud u. a., Bd. 14, *Werke aus den Jahren 1925–1931*, 3. Aufl., Frankfurt/Main 1961, S. 418–506, hier: S. 459.

13 Ebd., S. 458f. Die Passagen im Wortlaut: »Nachdem der Urmensch entdeckt hatte, daß es – wörtlich so verstanden – in seiner Hand lag, sein Los auf der Erde durch Arbeit zu verbessern, konnte es ihm nicht gleichgültig sein, ob ein anderer mit oder gegen ihn arbeitete. Der andere gewann für ihn den Wert des Mitarbeiters, mit dem zusammen zu leben nützlich war. Noch vorher, in seiner affenähnlichen Vorzeit, hatte er die Gewohnheit angenommen, Familien zu bilden; die Mitglieder der Familie waren wahrscheinlich seine ersten Helfer. Vermutlich hing die Gründung der Familie damit zusammen, daß das Bedürfnis genitaler Befriedigung nicht mehr wie ein Gast auftrat, der plötzlich bei einem erscheint und nach seiner Abreise lange nichts mehr von sich hören läßt, sondern sich als Dauermieter beim Einzelnen niederließ. Damit bekam das Männchen ein Motiv, das Weib oder allgemeiner: die Sexualobjekte bei sich zu behalten; die Weibchen, die sich von ihren hilflosen Jungen nicht trennen wollten, mußten auch in deren Interesse beim stärkeren Männchen bleiben.[Fn: Die organische Periodizität des Sexualvorgangs ist zwar erhalten geblieben, aber ihr Einfluß auf die psychische Sexualerregung hat sich eher ins Gegenteil verkehrt. Diese Veränderung hängt am ehesten zusammen mit dem Zurücktreten der Geruchsreize, durch welche der Menstruationsvorgang auf die männliche Psyche einwirkte. Deren Rolle wurde von Gesichtserregungen übernommen, die im Gegensatz zu den intermittierenden Geruchsreizen eine permanente Wirkung unterhalten konnten. Das Tabu der Menstruation entstammt dieser ›organischen Verdrängung‹ als Abwehr einer überwundenen Entwicklungsphase; alle anderen Motivierungen sind wahrscheinlich sekundärer Natur. (Vgl. C. D. Daly, 1927.) Dieser Vorgang wiederholt sich auf anderem Niveau, wenn die Götter einer überholten Kulturperiode zu Dämonen werden. Das Zurücktreten der Geruchsreize scheint aber selbst Folge der Abwendung des Menschen von der Erde, des Entschlusses zum aufrechten Gang, der nun die bisher gedeckten Genitalien sichtbar und schutzbedürftig macht und so

das Schämen hervorruft. Am Beginne des verhängnisvollen Kulturprozesses stünde also die Aufrichtung des Menschen. Die Verkettung läuft von hier aus über die Entwertung der Geruchsreize und die Isolierung der Periode zum Übergewicht der Gesichtsreize, Sichtbarwerden der Genitalien, weiter zur Kontinuität der Sexualerregung, Gründung der Familie und damit zur Schwelle der menschlichen Kultur.]«

14 Sigmund Freud, *Gesammelte Werke. Chronologisch geordnet*, hg. von Anna Freud u. a., Bd. 2 und 3, *Die Traumdeutung*, 3. Aufl., Frankfurt/Main 1961, S. 609.
15 Sigmund Freud, »Triebe und Triebschicksale«, in: Ders., *Gesammelte Werke. Chronologisch geordnet*, hg. von Anna Freud u. a., Bd. 10, *Werke aus den Jahren 1913 bis 1917*, London 1946, S. 209–232, hier: S. 214.
16 Sigmund Freud, »18. Vorlesung. Die Fixierung an das Trauma und das Unbewusste«, in: Ders. *Gesammelte Werke. Chronologisch geordnet*, hg. von Anna Freud u. a., Bd. 11, *Vorlesungen zur Einführung in die Psychoanalyse*, 3. Aufl., Frankfurt/Main 1966, S. 227–268, hier: S. 231.
17 Sigmund Freud, »Das Unheimliche«, in: Ders., *Gesammelte Werke. Chronologisch geordnet*, hg. von Anna Freud u. a., Bd. 12, *Werke aus den Jahren 1917 bis 1920*, 5. Aufl., Frankfurt/Main 1969, S. 282–295, hier: S. 295.
18 Waldenfels betont selbst die Nähe seiner Phänomenologie zu Freuds Psychoanalyse. Bernhard Waldenfels, *Erfahrung, die zur Sprache drängt. Studien zur Psychoanalyse und Psychotherapie aus phänomenologischer Sicht*, Frankfurt/Main 2019, S. 33ff.
19 Kaube, *Max Weber* (Anm. 3/5), S. 121.
20 Ebd., S. 120.
21 Ebd., S. 130
22 Weber, »Die protestantische Ethik und der Geist des Kapitalismus« (Anm. 3/2), S. 61.
23 Sigmund Freud, »Über die Berechtigung, von der Neurasthenie einen bestimmten Symptomenkomplex als ›Angstneurose‹ abzutrennen«, in: Ders., *Gesammelte Werke. Chronologisch geordnet*, hg. von Anna Freud u. a., Bd. 1, *Werke aus den Jahren 1892 bis 1899*, 3. Aufl., Frankfurt/Main 1953, S. 313–342.
24 Kaube, *Max Weber* (Anm. 3/5), S. 128
25 Jean Paul, »Silana oder über die Unsterblichkiet der Seele«, in: Ders., *Werke in zwölf Bänden*, Bd. 12, hg. von Norbert Miller. München/Wien 1975, S. 1182.

26 Beim König sind dies der natürliche und der politische Körper. Ernst H. Kantorowicz, *The King's Two Bodies. A Study in Mediaeval Political Theology*, Princeton 1957.
27 Richard Sennett, *Verfall und Ende des öffentlichen Lebens. Die Tyrannei der Intimität*, übersetzt von Reinhard Kaiser, Berlin 2008, S. 126ff.
28 Georg Simmel, »Philosophie der Mode«, in: *Moderne Zeitfragen*, Nr. 11, hg. von Hans Landsberg, Berlin o. J. (1905), S. 5–41, hier: S. 7f. Unter dem Titel »Die Mode« wieder abgedruckt in: Georg Simmel, *Philosophische Kultur. Gesammelte Essais*, Leipzig 1911, S. 29–64.
29 Vgl. Jörg Martschukat, *Das Zeitalter der Fitness. Wie der Körper zum Zeichen für Erfolg und Leistung wurde*, Frankfurt/Main 2019, S. 69ff.
30 Ebd., S. 73.
31 Jean Paul Sartre, *Gesammelte Werke. Philosophische Schriften*, hg. von Vincent von Wroblesky, Bd. 1, *Das Sein und das Nichts. Versuch einer phänomenologischen Ontologie*, übersetzt von Hans Schöneberg und Traugott König, Reinbek bei Hamburg 1994, S. 1021.
32 Robert Musil, *Tagebücher*, Bd. 1, hg. von Adolf Frisé, Reinbek bei Hamburg, 1976, S. 917.
33 Theodor W. Adorno, »Tough Baby«, in: Ders., *Minima Moralia. Reflexionen aus dem beschädigten Leben*, 23. Aufl., Frankfurt/Main 1997, S. 51–53, hier: S. 51f.
34 Thomas Mann, *Tagebücher 1949–1950*, hg. von Inge Jens, Frankfurt/Main 1991, S. 258.

4 Körperdisziplin und Biopolitik

1 Michel Foucault, *Der Wille zum Wissen. Sexualität und Wahrheit*, übersetzt von Ulrich Raulff und Walter Seitter, Frankfurt/Main 1977, S. 171.
2 Michel Foucault, *Der Wille zum Wissen. Sexualität und Wahrheit*, übersetzt von Ulrich Raulff und Walter Seitter, Frankfurt/Main 1977, S. 170f.
3 Ebd., S. 163.
4 Michel Foucault, *Überwachen und Strafen. Die Geburt des Gefängnisses*, übersetzt von Walter Seitter, Frankfurt/Main 1994, S. 251.
5 Ebd., S. 252.

6   Ebd., S. 253f.
7   Gesundheit, so eine bekannte Definition von Georges Canguilhem, ist »das Leben im Schweigen der Organe«, Georges Canguilhem, »Neue Überlegungen zum Normalen und Pathologischen«, in: Ders. (Hg.), *Das Normale und das Pathologische*, Frankfurt/Main 1977, S. 157–202, hier: S. 157.
8   Ulrich Bröckling, »Dispositive der Vorbeugung: Gefahrenabwehr, Resilienz, Precaution«, in: Christopher Daase, Philipp Offermann, Valentin Rauer (Hg.), *Sicherheitskultur. Soziale und politische Praktiken der Gefahrenabwehr*, Frankfurt/Main 2016, S. 93–108.
9   Martin Hafen, *Grundlagen systemischer Prävention*, Heidelberg 2007, S. 37.
10 Vgl. Nassim Nicholas Taleb, *The Black Swan. The Impact of the Highly Improbable*, New York 2007.
11 Gilles Deleuze, »Postkriptum über die Kontrollgesellschaften«, in: Ders., *Unterhandlungen 1972–1990*, übersetzt von Gustav Roßler, Frankfurt/Main 1993, S. 254–262, hier: S. 257.
12 Milton Friedman, *Kapitalismus und Freiheit* (Anm. 2/7), Frankfurt/Main 2002, S. 232.
13 Jason W. Moore, *Capitalism in the Web of Life. Ecology and the Accumulation of Capital*, New York 2015.
14 Tania Singer, Sarah Koop, Malvika Godora, *Das CovSocial Projekt. Wie haben sich die Menschen in Berlin während der COVID-19-Pandemie gefühlt? Veränderungen der psychischen Gesundheit, der Resilienz und der sozialen Kohäsion*, Berlin 2021.
15 Alain Ehrenberg, *Das erschöpfte Selbst* (Anm. Einl./5). Honneth, »Organisierte Selbstverwirklichung« (Anm. Einl./5), S. 63–80. Byung-Chul Han, *Müdigkeitsgesellschaft* (Anm. Einl./5).

5 Hardbody-Emotion

1   Stearns, *American Cool* (Anm. Einl./8), S. 16–94.
2   Ebd., S. 95–102.
3   Ebd., S. 95–102.
4   Ebd., S. 193–228.
5   Ebd., S. 229–263.

6 Helmut Lethen, *Verhaltenslehren der Kälte. Lebensversuche zwischen den Kriegen*, Frankfurt/Main 1994, S. 199.
7 Baltasar Gracián, *Handorakel und Kunst der Weltklugheit* [1647], übersetzt von Arthur Schopenhauer, mit einer Einleitung von Karl Voßler und einer Nachbemerkung von Sebastian Neumeister, Stuttgart 1992, S. 22.
8 Wilhelm Reich, *Charakteranalyse*, übersetzt von Bernd A. Laska, Köln 1971, S. 450f.
9 Lethen: *Verhaltenslehren der Kälte* (Anm. 5/6), S. 74.
10 Lethen, *Verhaltenslehren der Kälte* (Anm. 5/6), S. 66.
11 Ernst Jünger, »Über den Schmerz«, in: Ders., *Sämtliche Werke/Zweite Abteilung*, Bd. 7, *Essays I. Betrachtungen zur Zeit*, Stuttgart 1980, S. 143–191, hier: S. 165.
12 Helmuth Plessner, *Die Stufen des Organischen und der Mensch. Einleitung in die philosophische Anthropologie. Gesammelte Schriften*, Bd. 4, hg. von Günter Dux, Odo Marquard, Elisabeth Ströker, Frankfurt/Main 1981.
13 Helmuth Plessner, *Grenzen der Gemeinschaft. Eine Kritik des sozialen Radikalismus (1924)*, in: Ders., *Gesammelte Schriften*, Bd. 5, *Macht und menschliche Natur*. hg. von Günter Dux, Odo Marquard, Elisabeth Ströker, Frankfurt/Main 1981, S. 7–134, hier: S. 63.
14 Vgl. dazu die Bemerkung von Karl Heinz Bohrer: »Das Verrückte bei der Geschichte ist, dass der Ernstfall bei Plessner in einem Fall eintritt, den die romantische Ironie ohne Furcht einschließt. Es ist die Ironisierbarkeit des Körpers. Plessner fürchtet die Lächerlichkeit. Das ist der Ernstfall.« In: »Diskussion. Ironie und Tod. Keine Summa«, in: Karl Heinz Bohrer (Hg.), *Sprachen der Ironie – Sprachen des Ernstes*, Frankfurt/Main 2000, S. 415–426, hier: S. 416.
15 Daniel Schreiber, *Allein*, Berlin 2021, S. 24ff.
16 Niklas Luhmann, *Der neue Chef*, hg. von Jürgen Kaube, Frankfurt/Main 2016, S. 47. Vgl. dazu auch das Nachwort von Kaube, ebd., S. 115f. Zu den Managementratgebern vgl. Johanna Schumm, »Zur Wiederkehr der Verstellung. Die gegenwärtige Rezeption von Graciáns *Oráculo manual* als Ratgeber«, in: Dies., Giulia Radaelli (Hg.), *Graciáns Künste*, Komparatistik online 1 (2014), S. 203–231.

6 Hardbodys in der *Liquid Society*

1. Bauman, *Flüchtige Zeiten* (Anm. Einl./4), S. 7.
2. Horst Seehofer zu Gast in der Sendung *Pelzig unterhält sich*, BR, 20. Mai 2010.
3. Bauman, *Flüchtige Zeiten* (Anm. Einl./4), S. 7.
4. Milton Friedman, *Bright Promises, Dismal Performance. An Economist's Protest*, New York 1968, S. 50.
5. Norman M. Klein, *The Vatican to Vegas. A History of Special Effects*, New York 2004.
6. Vgl. Clare Bielby, »The Hard Body of the Violent Terrorist Woman in the West German Print Media of the 1970s«, in: Ralph J. Poole, Florian Sedlmeier, Susanne Wegener (Hg.), *Hard Bodies*, Münster 2011, S. 176–197, hier: S. 193, 191.
7. Yvonne Tasker, *Spectacular Bodies. Gender, Genre and Action Cinema*, London 1993, S. 3.
8. Rotundo, *American Manhood* (Anm. Einl./8).
9. »Reaganite hard body« ist ein Begriff der Filmkritikerin Susan Jeffords, *Hard Bodies. Hollywood Masculinity in the Reagan Era*, New Brunswick 1994. Vgl. dazu auch: Ilias Ben Mna, *Echoes of Reaganism in Hollywood Blockbuster Movies from the 1980s to the 2010s*, Berlin u. a., 2021.
10. »Think of that little computer chip. Its value isn't in the sand from which it is made but in the microscopic architecture designed into it by ingenious human minds. […] In the new economy, human invention increasingly makes physical resources obsolete. We're breaking through the material conditions of existence to a world where man creates his own destiny. […] But progress is not foreordained. The key is freedom – freedom of thought, freedom of information, freedom of communication«. Ronald Reagan, *Address at Moscow State University*, 31. Mai 1988, zitiert nach The Reagan Library, https://www.reaganlibrary.gov/archives/speech/remarks-and-question-and-answer-session-students-and-faculty-moscow-state, abgerufen 25. Januar 2022.
11. Friedrich Schiller, *Wallensteins Tod*, 3. Akt, 13. Aufzug, zitiert nach dems., *Sämtliche Werke*, Bd. 2, *Dramen 2*, hg. von Peter-André Alt, München 2004, S. 269–547, hier: S. 472.

12 Reagan sagte das kurz vor einer Radioansprache, die am 1. Februar 1986 in Camp David aufgezeichnet wurde. Siehe die Dokumentation von Dimitri Kourtchine, *Rocky IV. Le coup de poing américain*, 2014.
13 Ernst Jünger, »Über den Schmerz« (Anm. 5/11), S. 164f.
14 Ebd., S. 158f.
15 Im Original: »The locker room after a match. Picture the scene (I know you can; I know you have). Adrenalined. Endorphined. Sweaty. Jocks. Grinning, joshing, back-slapping, hugging, grab-assing. Oiled, pumped, youthful, virile man flesh. Round, hard, dimpled butts as far as the eye can see. Steam. Swinging dicks. Cue the cheap disco soundtrack and segue seamlessly, oh, so casually, into dick measuring, circle-jerking, deep-throating, and ass pounding: Oh, yeah! Or so I and many other homos would like to think. It is after all the narrative of a thousand gay porn movies. Team sports on the field seen through the distorting eyes of the queer boy look like sex with clothes onfollowed by sex with no clothes on in the locker room. In other words, the sad, improbable fantasy of the dweeby or nelly boy who wasnt picked for the team and had to do with music and movement instead and thus spent the rest of his life wondering feverishly what it would have been like to have hung with the jocks, to flick towels with the godlike golden boys. Well, maybe that was once true. But shockingly and rather wonderfully, this fag fantasy appears to be coming virtually true. At least in Europe and Australia. Sport is the new gay porn. Sportsmen on this side of the Atlantic are increasingly openly acknowledging and flirting with their gay fans, la David Beckham and Freddie Ljungberg (the man who actually looks the way Beckham thinks he looks). Both of these thoroughbreds have posed for spreads in gay magazines (see Ljungbergs story with Out here), and both have welcomed the attention of gay fans because they have great taste. More than this, they and a whole new generation of young bucks, from twinky soccer players like Manchester Uniteds Alan Smith and Cristiano Ronaldo to rougher prospects like Chelseas Joe Cole and AC Milans Kak, keen to emulate their success, are actively pursuing sex-object status in a postmetrosexual, increasingly pornolized world.« Marc Simpson, »Sporno«, out.com, 19. Juni 2006. Meine Übersetzung.
16 Dies und die folgenden Zitate aus Jean Baudrillard, *Der symbolische Tausch und der Tod* [1976], übersetzt von Gabriele Ricke, Ronald Voullié und Gerd Bergfleth, Berlin 2011, S. 180ff.

17 Barbara Vinken, »Mannequin, Statue, Fetisch«, in: *Kunstforum international*, Bd. 141, *Die oberflächlichen Hüllen des Selbst. Mode als ästhetisch-medialer Komplex*, September 1998, S. 145–153, hier: S. 145 und 153.
18 Baudrillard, *Der symbolische Tausch und der Tod* (Anm. 6/16), S. 185.
19 Vgl. Björn Vedder, *Neue Freunde. Über Freundschaft in Zeiten von Facebook*, Bielefeld 2017, S. 29ff.
20 Außerdem prahlt der Narziss mit seinen Leistungen und stellt die Fehler und Schwächen von anderen bloß. Er legt gesteigerten Wert auf den eigenen Körper und seine Erscheinung, mit der er seine Persönlichkeit und seinen Status ausdrückt. Er spricht am liebsten über sich selbst. Er ist in seinen sozialen Beziehungen manipulativ und scheut auch keine Betrügereien, wenn sie ihm weiterhelfen. Er verfolgt einerseits ein übersteigertes Selbstbild, sucht indes andererseits ständig nach Gratifikation für sein labiles Selbstwertgefühl und ist bereit, fast alles für die dafür notwendige Aufmerksamkeit zu tun. So die Sozialpsychologen Jean M. Twenge und W. Keith Campbell, in ihrer umfangreichen empirischen Studie, die eine epidemische Ausweitung narzisstischer Symptome feststellt. Jean M. Twenge and W. Keith Campbell, *The Narcissism Epidemic. Living in the Age of Entitlement*, New York 2009.
21 Amitai Etzioni, *The Spirit of Community. The Reinvention of American Society*, New York 1993, S. 91.
22 Sabine Döring, »Seeing What to Do. Affective Perception and Rational Motivation«, in: *Dialectica* 61, 2007, S. 363–394. »A more fruitful strategy, which also sheds light on how normative judgements may be justified by evaluations, starts by noting that, after all, emotional evaluations do involve an ›ought‹. This ›ought‹ however is not the ›ought-to-do‹, but amounts to what Charles Dunbar Broad (1930, 141f.) has characterized as the ›ought-to-be‹. A distinctive characteristic of the emotions consists in that they represent their objects in light of the subject's concerns. To represent something as fearsome, unjust, amusing, joyful, sad, or the like, it is not just to distinguish it from other things in the world, but also to classify it with regard to the importance or worthiness it has for oneself.« Ebd., S. 385.
23 Adolph Lowe, »S ist noch nicht P. Eine Frage an Ernst Bloch«, in: Siegfried Unseld (Hg.), *Ernst Bloch zu Ehren. Beiträge zu seinem Werk*, FrankfurtMain 1965, S. 135–143.
24 Jean Améry, *Über das Altern. Resignation und Revolte*, 11. Aufl., Stuttgart 2020, S. 27.

25 Friedrich Nietzsche, »Ecce Homo. Wie man wird, was man ist [1908, geschrieben 1888–89]«, in: Ders., *Sämtliche Werke. Kritische Studienausgabe in 15 Bänden*, Bd. 6, hg. von Giorgio Colli und Mazzino Montinari, 8. Aufl., München 2008, S. 255–374, hier: S. 272.
26 Gottfried Benn, »VI Gesänge«, in: Ders., *Gedichte in der Fassung der Erstdrucke*, hg. von Bruno Hillebrand, Frankfurt/Main 1982, S. 47.
27 Gottfried Benn, »Dennoch die Schwerter halten«, in: Ders., *Gedichte in der Fassung der Erstdrucke*, hg. von Bruno Hillebrand, Frankfurt/Main 1982 S. 245.

II. Wie können wir den Hardbody überwinden?

1 Charles Baudelaire, »An den Leser«, in: Ders., *Les Fleurs du Mal / Die Blumen des Bösen*, Gesamtausgabe mit sämtlichen Gedichten und einem Anhang zum Prozess gegen den Autor, Französisch / Deutsch, übersetzt von Monika Fahrenbach-Wachendorff, Anmerkungen von Horst Hina, Nachwort und Zeittafel von Kurt Kloocke, vollständig durchgesehene Ausgabe, Stuttgart 2021, S. 16–19.
2 Friedrich Nietzsche, »Die Geburt der Tragödie«, in: Ders., *Die Geburt der Tragödie, Unzeitgemäße Betrachtungen I–IV, Nachgelassene Schriften 1870–1873, Kritische Studienausgabe*, Bd. 1, hg. von Giorgio Colli und Massino Montinari, S. 9–156, hier: S. 18.
3 Zitiert nach Menninghaus, *Ekel* (Anm. 3/10), S. 490.
4 Ebd., S. 490.
5 Ebd., S. 491.
6 Ebd., S. 497.
7 Ebd., S. 486.
8 Georges Bataille, *Theorie der Religion. Nebst Vorträgen und Aufsätzen zur Theorie der Religion* [1948, posthum 1973], übersetzt von Andreas Knop, Berlin 1997, S. 24.
9 Tristan Garcia, *Das intensive Leben. Eine moderne Obsesssion*, Berlin 2016, S. 123.
10 Hildegund Keul, *Schöpfung durch Verlust. Vulnerabilität, Vulneranz und Selbstverschwendung nach Georges Bataille*, Würzburg 2021, S. 166.

11 Bachtin, *Rabelais und seine Welt* (Anm. 2/1), S. 203.
12 Céline Leboeuf, »What Is Body Positivity? The Path from Shame to Pride«, *Philosophical Topics*, Herbst 2019, Bd. 47, Nr. 2, S. 113–128, hier: S. 124ff.
13 Judith Butler, *Frames of War. When is Life Grieveable?* London/New York 2010, S. 10.
14 Judith Butler, *Dispossessions. The Performative in the Political. Conversations with Athena Athanasiou*, Cambridge/Malden 2013, S. 78f.
15 Sartre, *Das Sein und das Nichts* (Anm. 3/31), S. 381.
16 Jean-Jacques Rousseau, *Discours sur l'origine et les fondements de l'inégalité parmi les hommes* [1755] / *Diskurs über den Ursprung und die Grundlagen der Ungleichheit unter den Menschen*, hg. von Heinrich Meier, Paderborn u. a. 1984, S. 369–375.
17 Vgl. Alexander Haardt, »Michail Bachtin – ein Phänomenologe der Intersubjektivität?«, in: *Phänomenologische Forschungen. Neue Folge*, Bd. 5, Nr. 2, 2000, S. 217–229. Carina Pape, »Handlungswelt und Lebenswelt bei Michail Bachtin«, Vortrag auf der internationalen Tagung der Deutschen Gesellschaft für phänomenologische Forschung: *Lebenswelt und Lebensform*, Universität Koblenz-Landau, 2015.
18 Edmund Husserl, *Cartesianische Meditationen und Pariser Vorträge. Husserliana*, Bd. 1, hg. von Stephan Strasser, Dordrecht 1973, S. 128. Zu meiner Darstellung von Husserls Leibbegriff vgl. Emmanuel Alloa und Natalia Depraz, »Edmund Husserl – ›Ein merkwürdig unvollkommen konstruiertes Ding‹«, in: Emmanuel Alloa, Thomas Bedorf, Christian Grüny und Tobis Niklaus Klass (Hg.), *Leiblichkeit. Geschichte und Aktualität eines Konzepts*, 2. verbesserte und erweiterte Aufl., Tübingen 2019, S. 7–22.
19 Gabriel Marcel, »Entwurf einer Phänomenologie des Habens [1933]«, in: Ders., *Werksausgabe*, Bd. 1, hg. von Peter Grotzer und Siegfried Foelz, Paderborn u. a. 1992, S. 11–152, hier: S. 15.
20 Edmund Husserl, *Ideen zu einer reinen Phänomenologie und phänomenologischen Philosophie. Zweites Buch: Phänomenologische Untersuchungen zur Konstitution, Husserliana*, Bd. 4, hg. von Marly Biemel, Dordrecht 1971, S. 56.
21 Husserl, *Cartesianische Meditationen und Pariser Vorträge* (Anm. II/18), S. 147.
22 Edmund Husserl, *Zur Phänomenologie der Intersubjektivität. Texte aus dem Nachlass. Zweiter Teil: 1921–1928. Husserliana*, Bd. 14, hg. von Iso

Kern, Dordrecht 1973, S. 416. Husserl, *Cartesianische Meditationen und Pariser Vorträge* (Anm. II/18), S. 153.
23   Georges-Didi Huberman, *Was wir sehen, blickt uns an. Zur Metapsychologie des Bildes*, übersetzt von Markus Sedlaczek, München 1999.
24   Michael Fried, »Art and Objecthood«. *Artforum*, Spring 1967, S. 12–23.
25   Georges-Didi Huberman, *Vor einem Bild*, übersetzt von Reinold Werner, München 2000, S. 23f.
26   Wolfgang Kemp, *Der Anteil des Betrachters. Rezeptionsästhetische Studien zur Malerei des 19. Jahrhunderts*, München 1983, S. 32.
27   Donna Haraway, *Unruhig bleiben. Die Verwandtschaft der Arten im Chthuluzän*, übersetzt von Karin Harrasser, Frankfurt/Main, New York 2018, S. 101ff., 118ff.
28   *Husserliana*, Bd. 4 (Anm. II/20), S. 150.
29   Bernhard Waldenfels, *Bruchlinien der Erfahrung. Phänomenologie. Psychoanalyse, Phänomenotechnik*, Frankfurt/Main 2002, S. 173ff.
30   Olga Tokarczuk, *Der liebevolle Erzähler. Vorlesung zur Verleihung des Nobelpreises für Literatur*, übersetzt von Lisa Palmes, Zürich 2019, S. 59f.
31   Gregory Bateson, *Ökologie des Geistes. Anthropologische, psychologische, biologische und epistemologische Perspektiven* [1972], übersetzt von Hans Günther Holl, Frankfurt/Main 1994, S. 410.
32   Der Philosoph Pierre Gassendi hat diesen Punkt gegenüber seinem Freund und Kollegen René Descartes vorgebracht und behauptet, das Spazierengehen versichere mich so eindringlich meiner leiblichen Existenz, dass der Umweg über das *cogito* gar nicht nötig sei. Nicht *cogito ergo sum*, sondern *ambulo ergo sum*. Ich spaziere, also bin ich.

Hinweis: Hervorhebungen in Zitaten wurden übernommen, wie im Original vorgefunden.

180 Seiten • Hardcover
14,5 x 20,5 cm • 22 € (D/A)
ISBN 978-3-96317-284-7

Katja Johanna Eichler

ZUSAMMENLEBEN STATT ZUSAMMENROTTEN

Warum wir Gruppe und Identität neu
denken sollten – eine Intervention

Dass kollektive Identitäten Konstrukte sind, wurde oft beschrieben. Auch dass diese verheerende Auswirkungen haben können, ist allzu bekannt. Und dennoch sind es meist abgegrenzte Gruppen, die uns ein Leben lang begleiten – von der Kita bis zum Job. Wir lernen so, dass es gut und wichtig ist, dazuzugehören, und üben die ständige Unterscheidung zwischen ›Wir‹ und ›Die‹ ein.

Katja Johanna Eichlers Essay »Zusammenleben statt Zusammenrotten« ist die Einladung, ein zentrales Element sozialer Organisation kritisch zu betrachten und immer weiter »Warum?« zu fragen: Warum haben Gruppen eine so hohe Anziehungskraft? Warum identifizieren wir uns so gerne mit der Vorstellung homogener Kollektive? Aus ethnologischer Sicht macht sie sich auf die Suche danach, welche Kompetenzen wir heute fördern müssten, um morgen zu einer neuen Logik des Zusammenlebens in einer heterogenen Welt zu gelangen.

BÜCHNER

170 Seiten • Klappenbroschur
14,5 x 20,5 cm • 18 € (D/A)
ISBN 978-3-96317-195-6

Björn Vedder
VÄTER DER ZUKUNFT
Ein philosophischer Essay

Was ein Vater ist, wissen wir heute nicht mehr. Das zeigt sich in den Entwicklungsstörungen und der mangelnden Sozialisation von Kindern ebenso wie im zunehmenden Unbehagen von Vätern und den Überlastungen der Mütter. Der lange Schatten des abwesenden Vaters liegt wie ein Bleigewicht auf dem Leben aller. Wollen wir uns davon befreien, braucht es eine angemessene Rollenbeschreibung, die zeigt, wie und was ein Vater heute sein könnte – jenseits von überkommenen Männlichkeitsvorstellungen, patriarchalen Familienmodellen oder der Idee einer geschlechtslosen Elternschaft.

Björn Vedders Essay leistet ebendas: Er entwickelt eine zeitgemäße Vaterrolle – aus psychologischen, philosophischen und sozialwissenschaftlichen Studien, aus den Produkten der Hoch- und der Popkultur und vor allem aus den grundlegenden Erfahrungen, die wir in der Familie und im Leben machen können. Dabei wird deutlich, warum, ein Kind zu bekommen, ein Sprung in das gute Leben ist, warum Väter, die sich an Recht und Ordnung halten, Angsthasen sind, was die Künste des Vaters vermögen und wie Mutter und Vater das Kind gemeinsam fertig zur Fahrt machen.

BÜCHNER